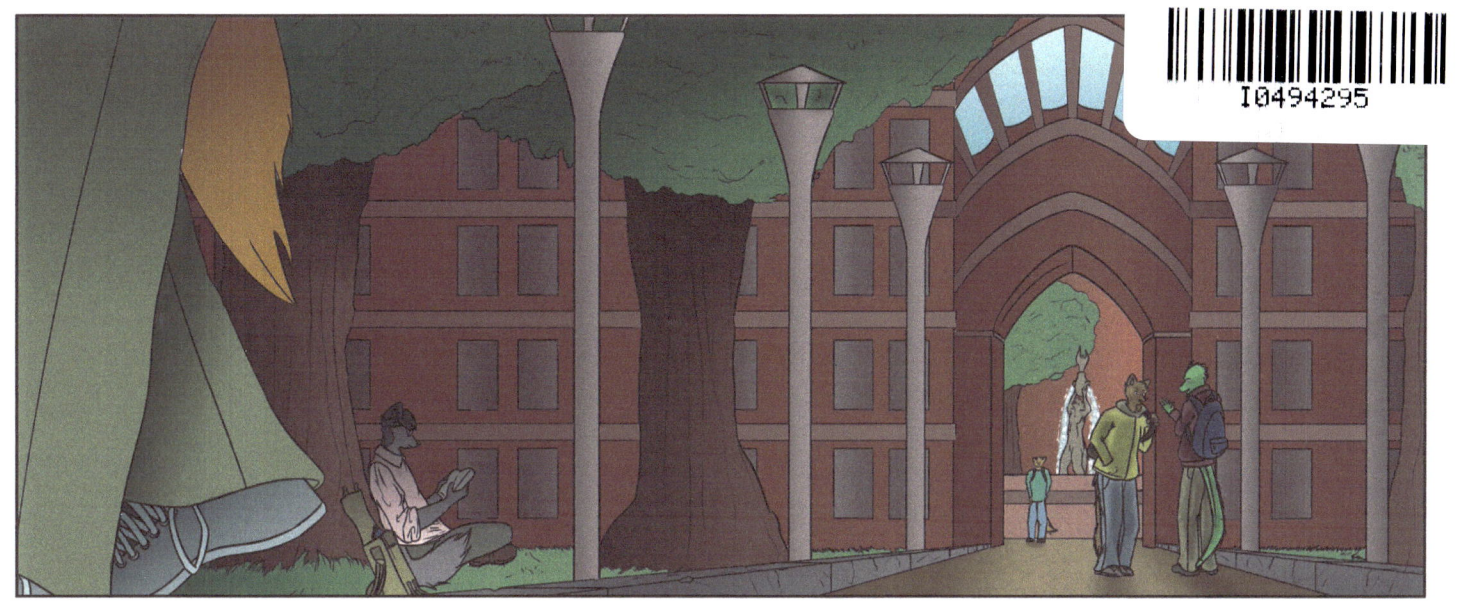

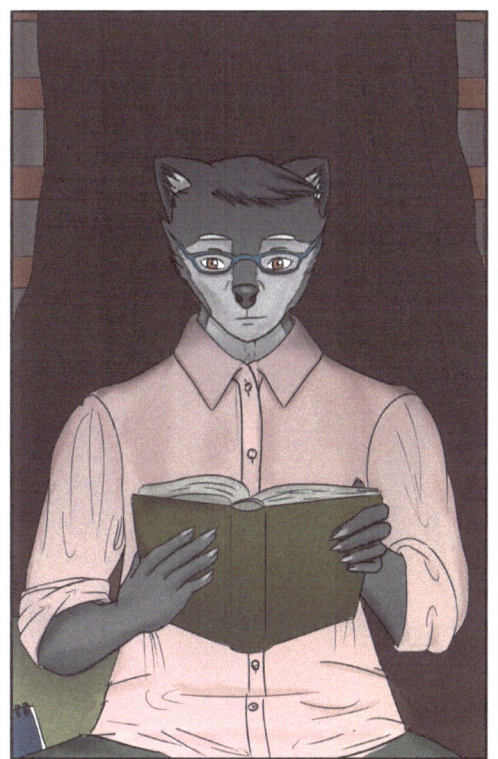

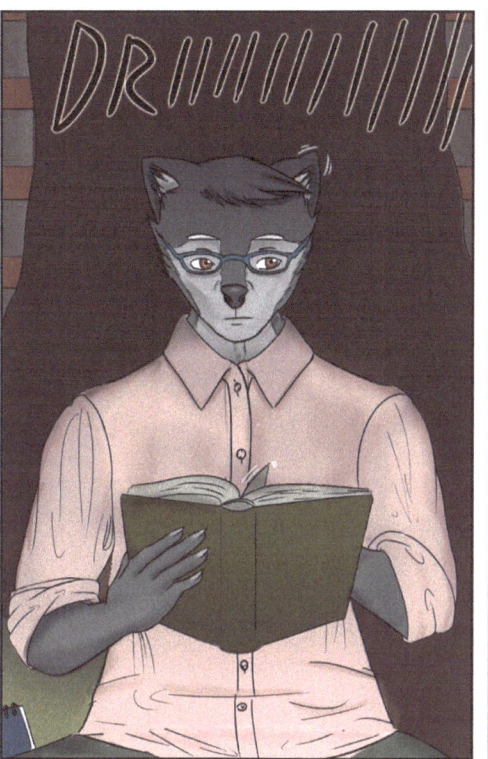

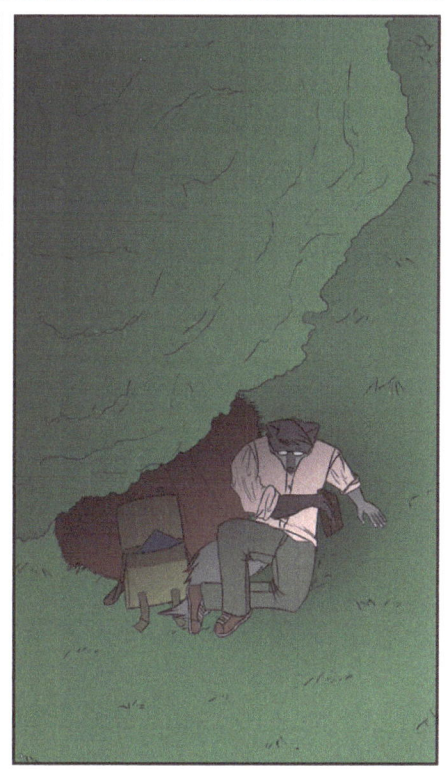

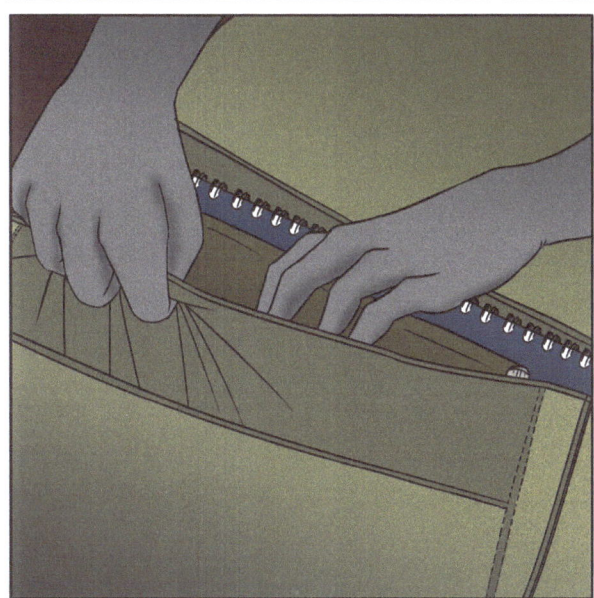

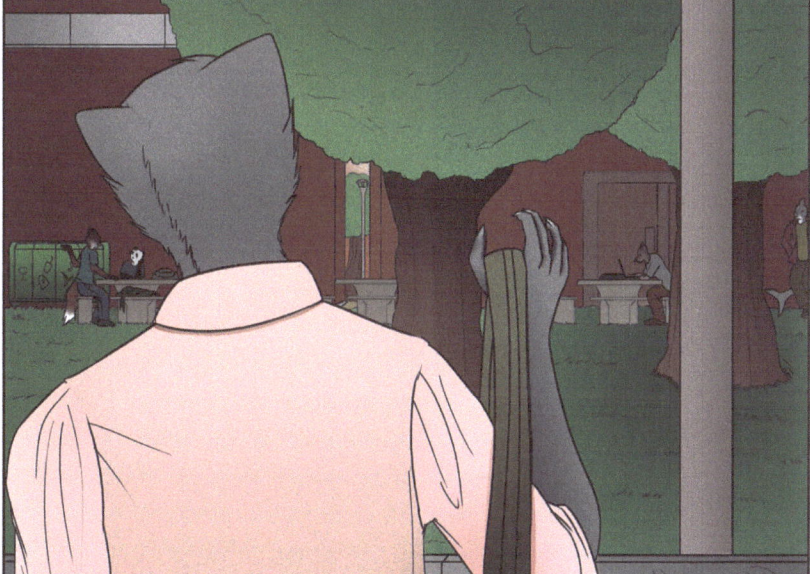

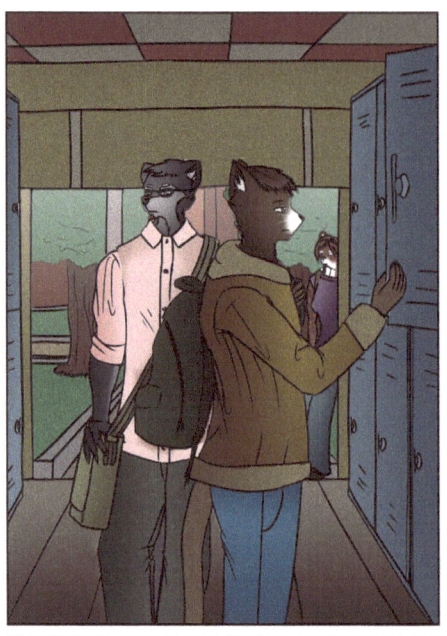

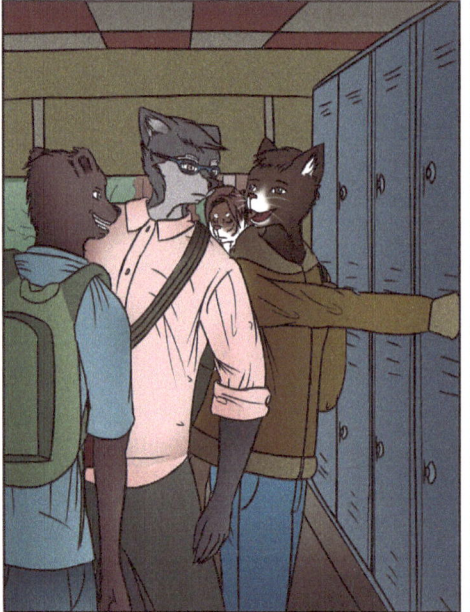

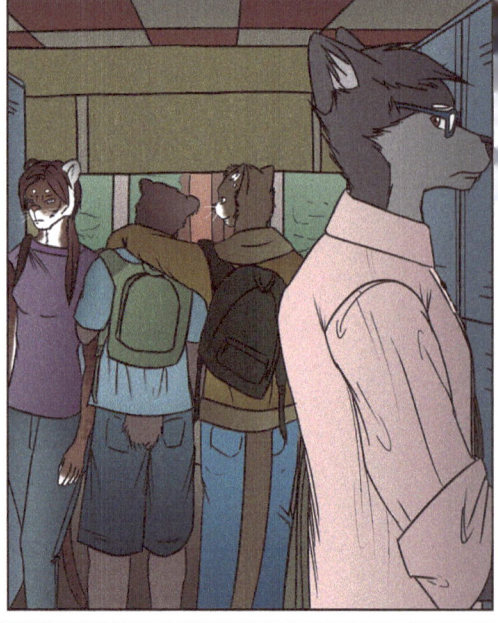

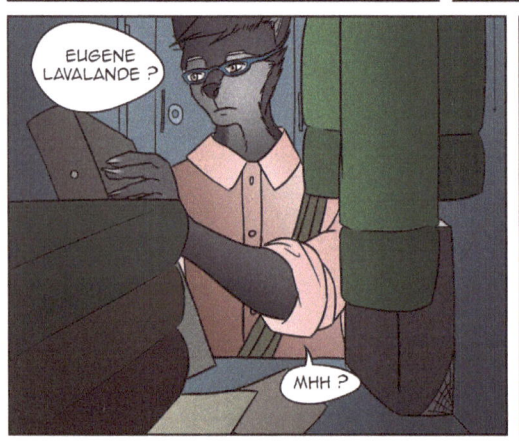

EUGENE LAVALANDE ?

MHH ?

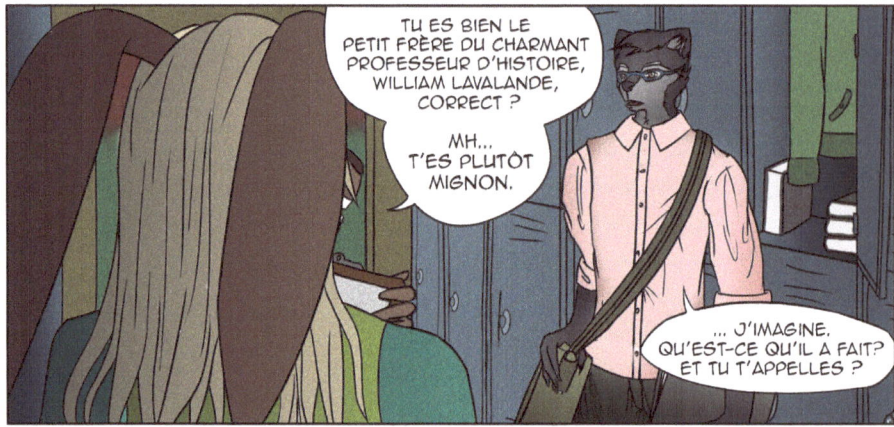

TU ES BIEN LE PETIT FRÈRE DU CHARMANT PROFESSEUR D'HISTOIRE, WILLIAM LAVALANDE, CORRECT ?

MH... T'ES PLUTÔT MIGNON.

... J'IMAGINE. QU'EST-CE QU'IL A FAIT? ET TU T'APPELLES ?

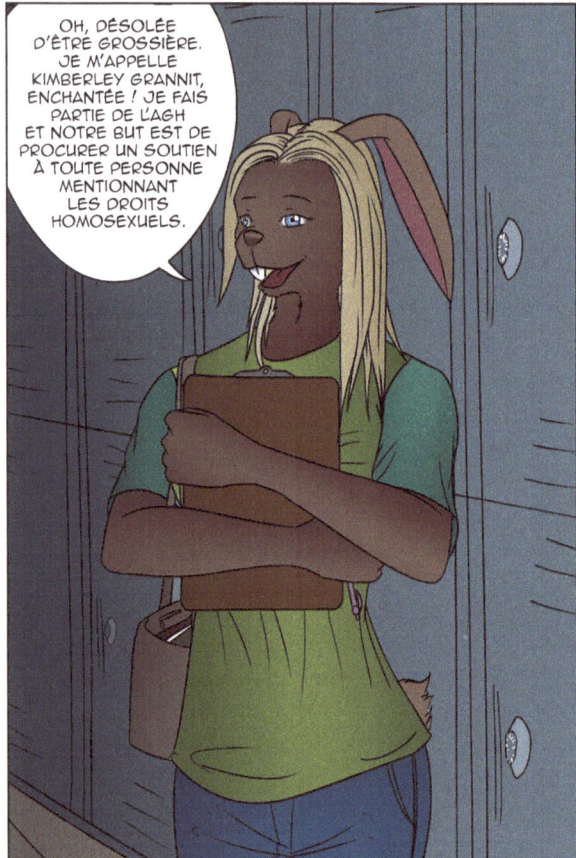

OH, DÉSOLÉE D'ÊTRE GROSSIÈRE. JE M'APPELLE KIMBERLEY GRANNIT, ENCHANTÉE ! JE FAIS PARTIE DE L'AGH ET NOTRE BUT EST DE PROCURER UN SOUTIEN À TOUTE PERSONNE MENTIONNANT LES DROITS HOMOSEXUELS.

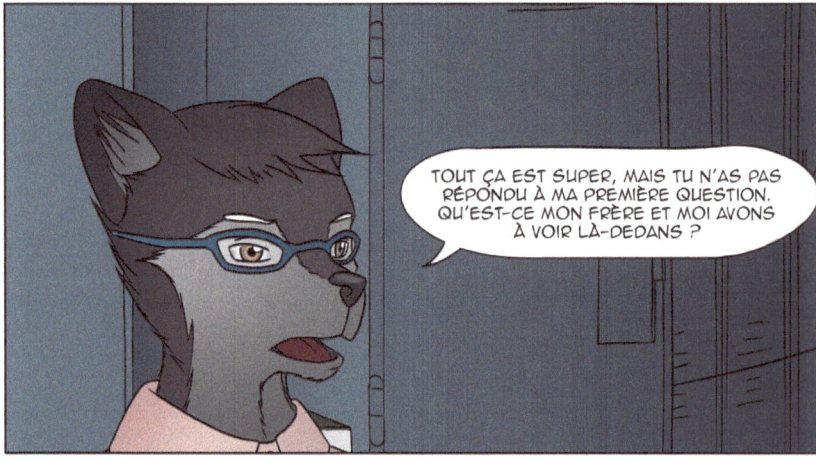

TOUT ÇA EST SUPER, MAIS TU N'AS PAS RÉPONDU À MA PREMIÈRE QUESTION. QU'EST-CE MON FRÈRE ET MOI AVONS À VOIR LÀ-DEDANS ?

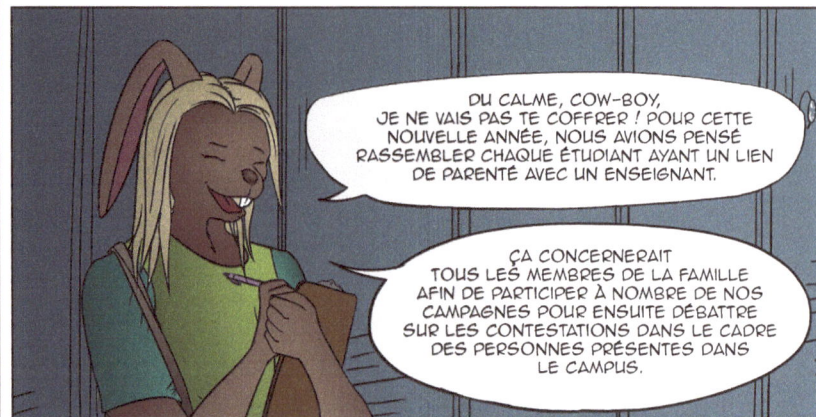

DU CALME, COW-BOY, JE NE VAIS PAS TE COFFRER ! POUR CETTE NOUVELLE ANNÉE, NOUS AVIONS PENSÉ RASSEMBLER CHAQUE ÉTUDIANT AYANT UN LIEN DE PARENTÉ AVEC UN ENSEIGNANT.

ÇA CONCERNERAIT TOUS LES MEMBRES DE LA FAMILLE AFIN DE PARTICIPER À NOMBRE DE NOS CAMPAGNES POUR ENSUITE DÉBATTRE SUR LES CONTESTATIONS DANS LE CADRE DES PERSONNES PRÉSENTES DANS LE CAMPUS.

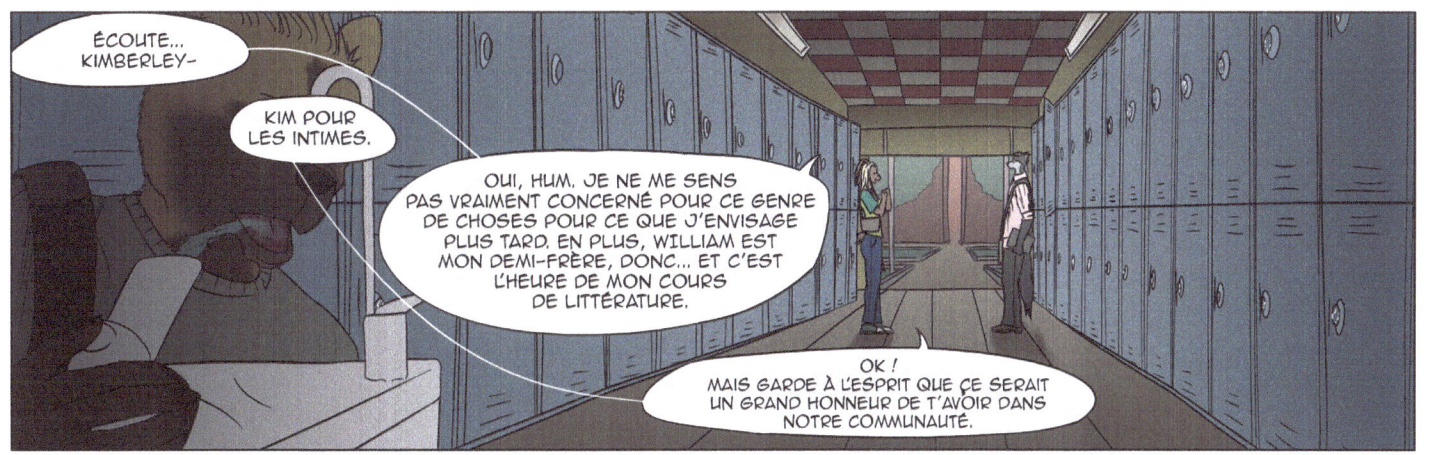

ÉCOUTE... KIMBERLEY-

KIM POUR LES INTIMES.

OUI, HUM, JE NE ME SENS PAS VRAIMENT CONCERNÉ POUR CE GENRE DE CHOSES POUR CE QUE J'ENVISAGE PLUS TARD. EN PLUS, WILLIAM EST MON DEMI-FRÈRE, DONC... ET C'EST L'HEURE DE MON COURS DE LITTÉRATURE.

OK ! MAIS GARDE À L'ESPRIT QUE ÇA SERAIT UN GRAND HONNEUR DE T'AVOIR DANS NOTRE COMMUNAUTÉ.

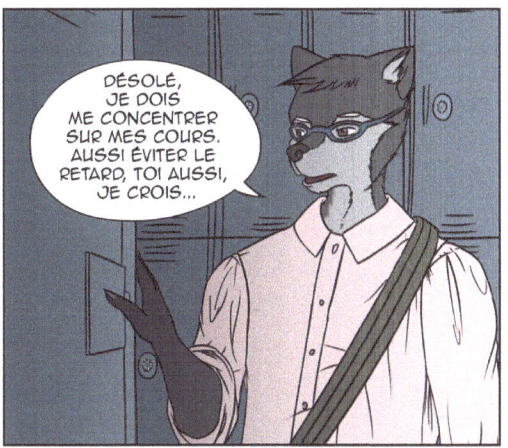

DÉSOLÉ, JE DOIS ME CONCENTRER SUR MES COURS. AUSSI ÉVITER LE RETARD, TOI AUSSI, JE CROIS...

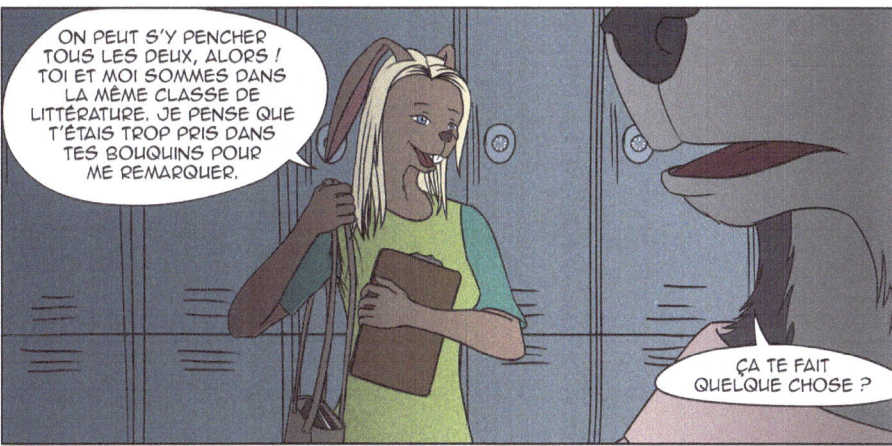

ON PEUT S'Y PENCHER TOUS LES DEUX, ALORS ! TOI ET MOI SOMMES DANS LA MÊME CLASSE DE LITTÉRATURE. JE PENSE QUE T'ÉTAIS TROP PRIS DANS TES BOUQUINS POUR ME REMARQUER.

ÇA TE FAIT QUELQUE CHOSE ?

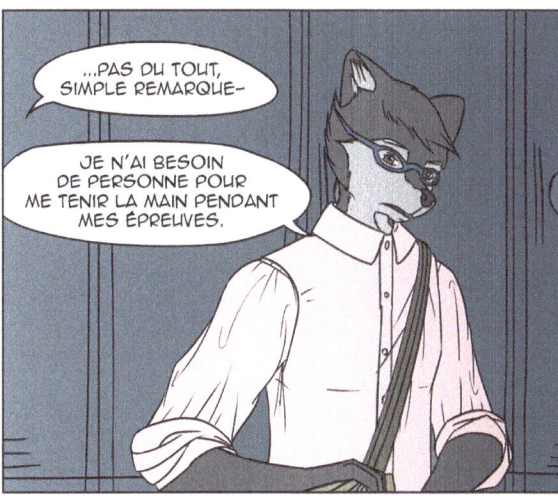

...PAS DU TOUT, SIMPLE REMARQUE-

JE N'AI BESOIN DE PERSONNE POUR ME TENIR LA MAIN PENDANT MES ÉPREUVES.

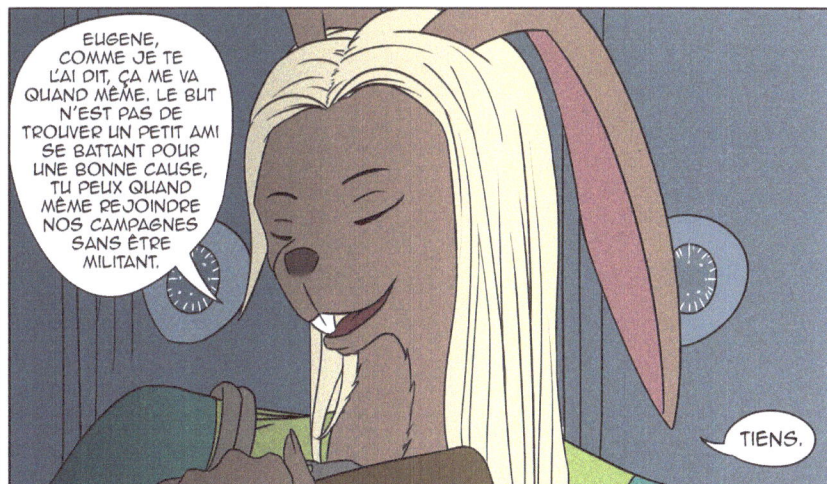

EUGENE, COMME JE TE L'AI DIT, ÇA ME VA QUAND MÊME. LE BUT N'EST PAS DE TROUVER UN PETIT AMI SE BATTANT POUR UNE BONNE CAUSE, TU PEUX QUAND MÊME REJOINDRE NOS CAMPAGNES SANS ÊTRE MILITANT.

TIENS.

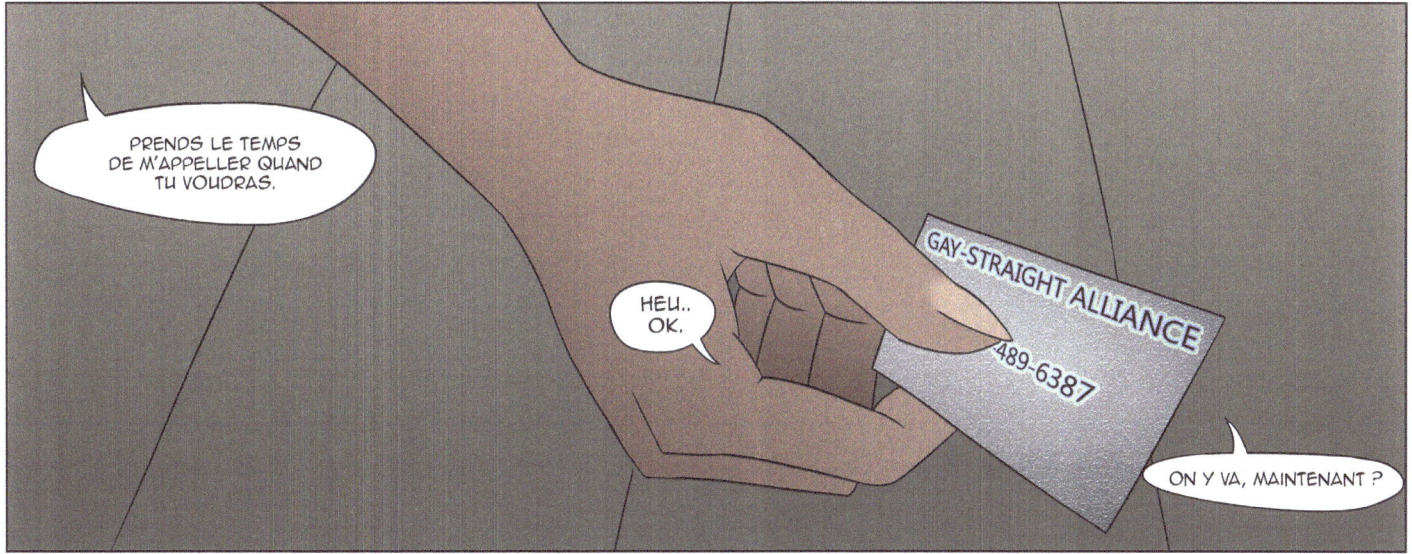

PRENDS LE TEMPS DE M'APPELLER QUAND TU VOUDRAS.

HEU.. OK.

GAY-STRAIGHT ALLIANCE

489-6387

ON Y VA, MAINTENANT ?

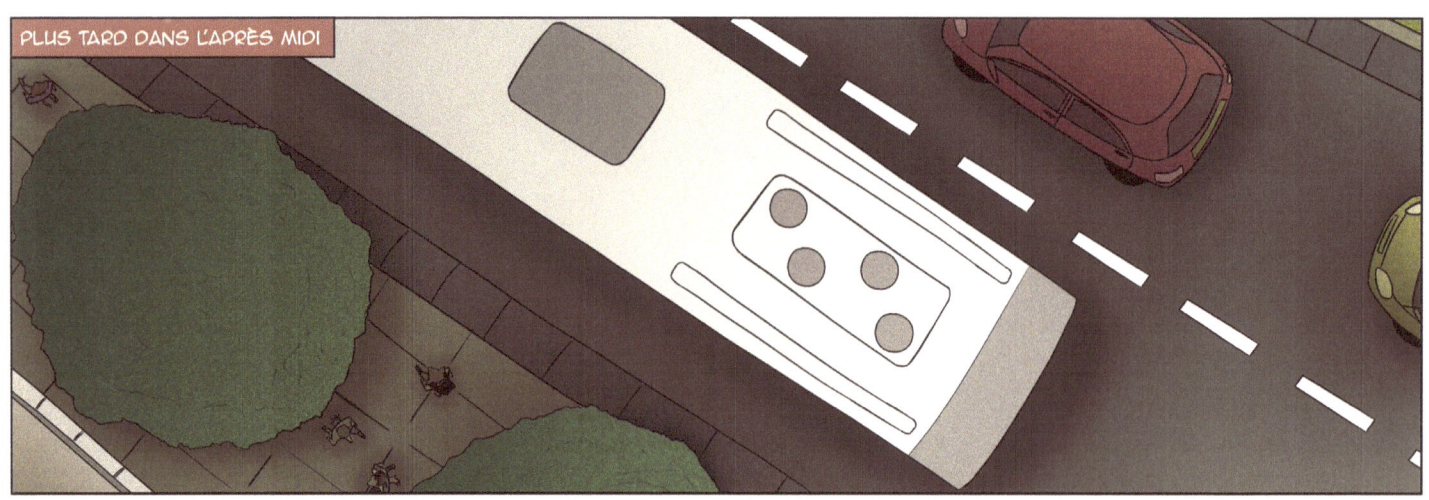

GAY-STRAIGHT-ALLIANCE

0010-489-6387

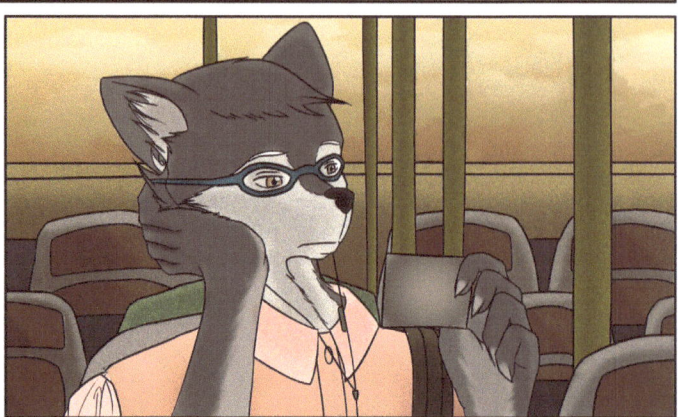

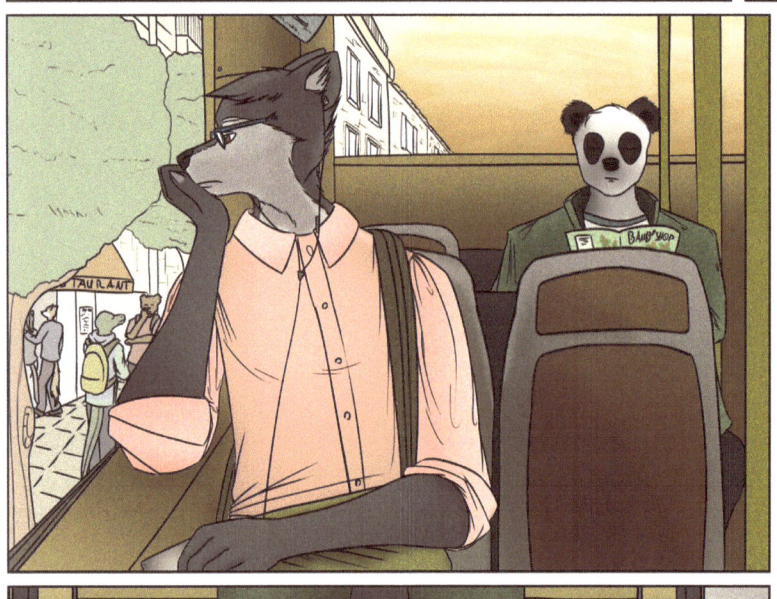

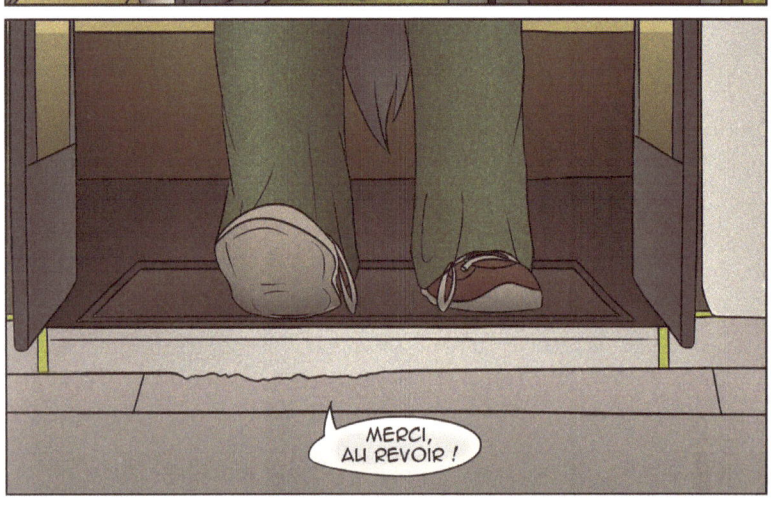

MERCI,
AU REVOIR !

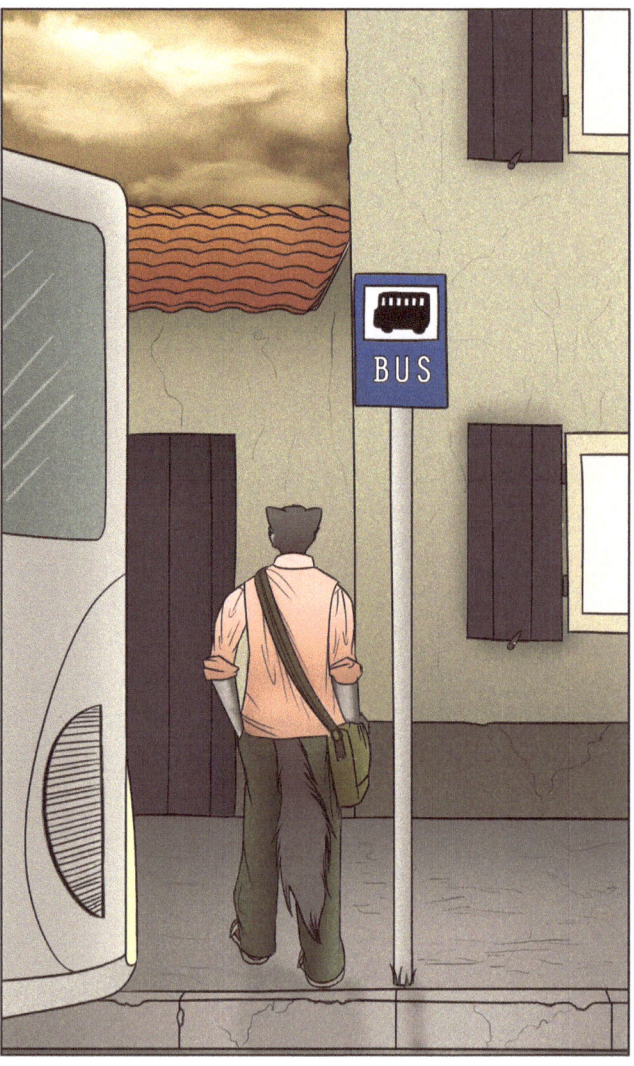

BUS

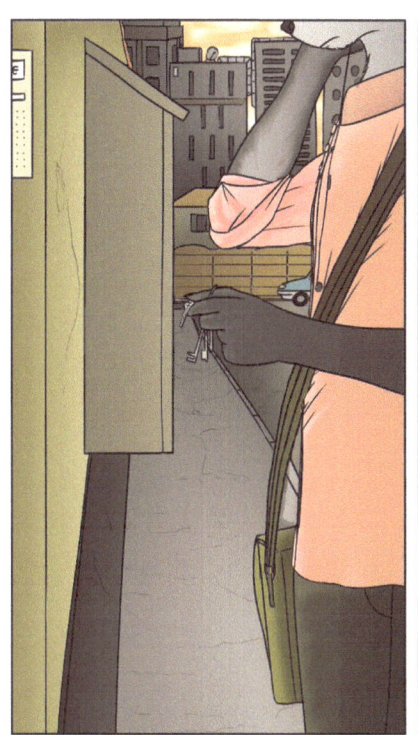
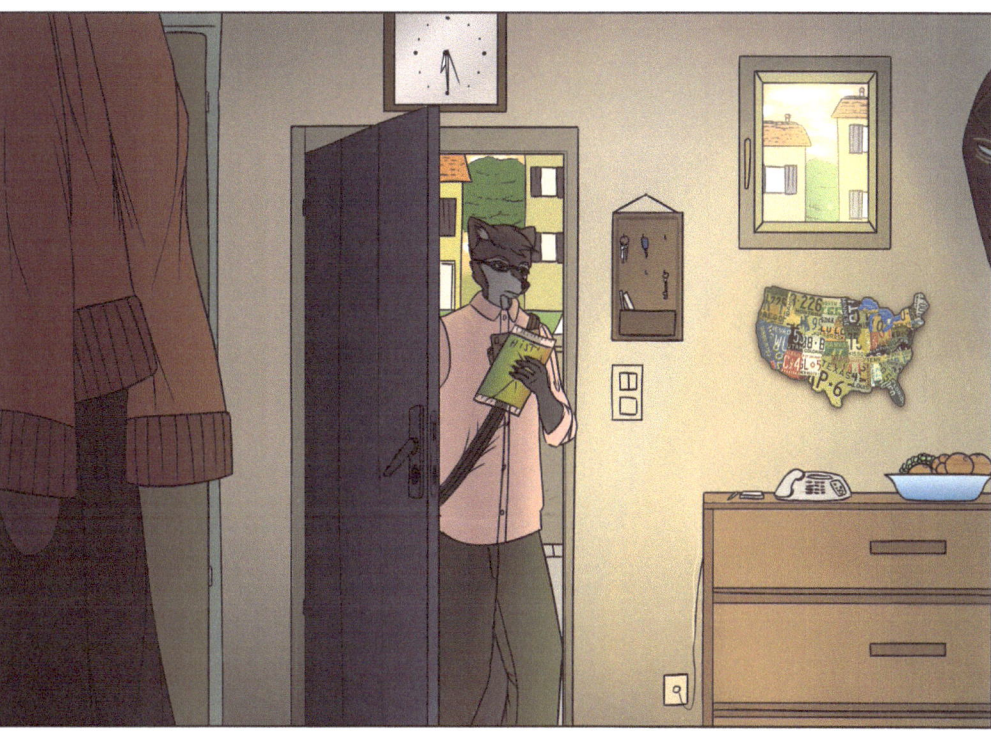
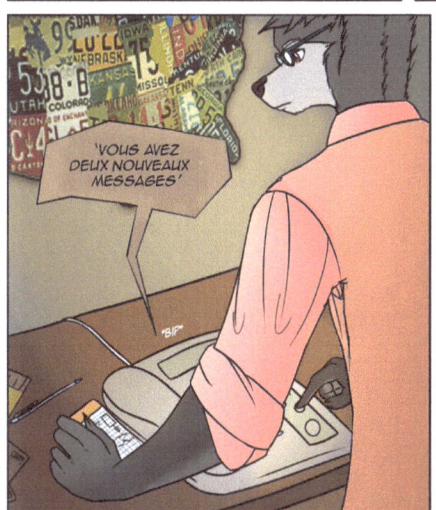

'VOUS AVEZ DEUX NOUVEAUX MESSAGES'

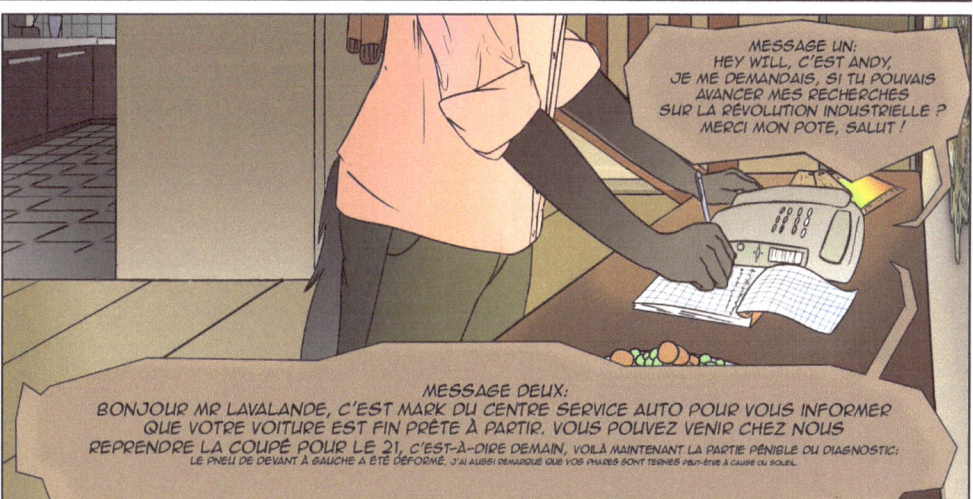

MESSAGE UN:
HEY WILL, C'EST ANDY, JE ME DEMANDAIS, SI TU POUVAIS AVANCER MES RECHERCHES SUR LA RÉVOLUTION INDUSTRIELLE ? MERCI MON POTE, SALUT !

MESSAGE DEUX:
BONJOUR MR LAVALANDE, C'EST MARK DU CENTRE SERVICE AUTO POUR VOUS INFORMER QUE VOTRE VOITURE EST FIN PRÊTE À PARTIR. VOUS POUVEZ VENIR CHEZ NOUS REPRENDRE LA COUPÉ POUR LE 21, C'EST-À-DIRE DEMAIN, VOILÀ MAINTENANT LA PARTIE PÉNIBLE DU DIAGNOSTIC: LE PNEU DE DEVANT À GAUCHE A ÉTÉ DÉFORMÉ, J'AI AUSSI REMARQUÉ QUE VOS PHARES SONT TERNES PEUT-ÊTRE À CAUSE DU SOLEIL.

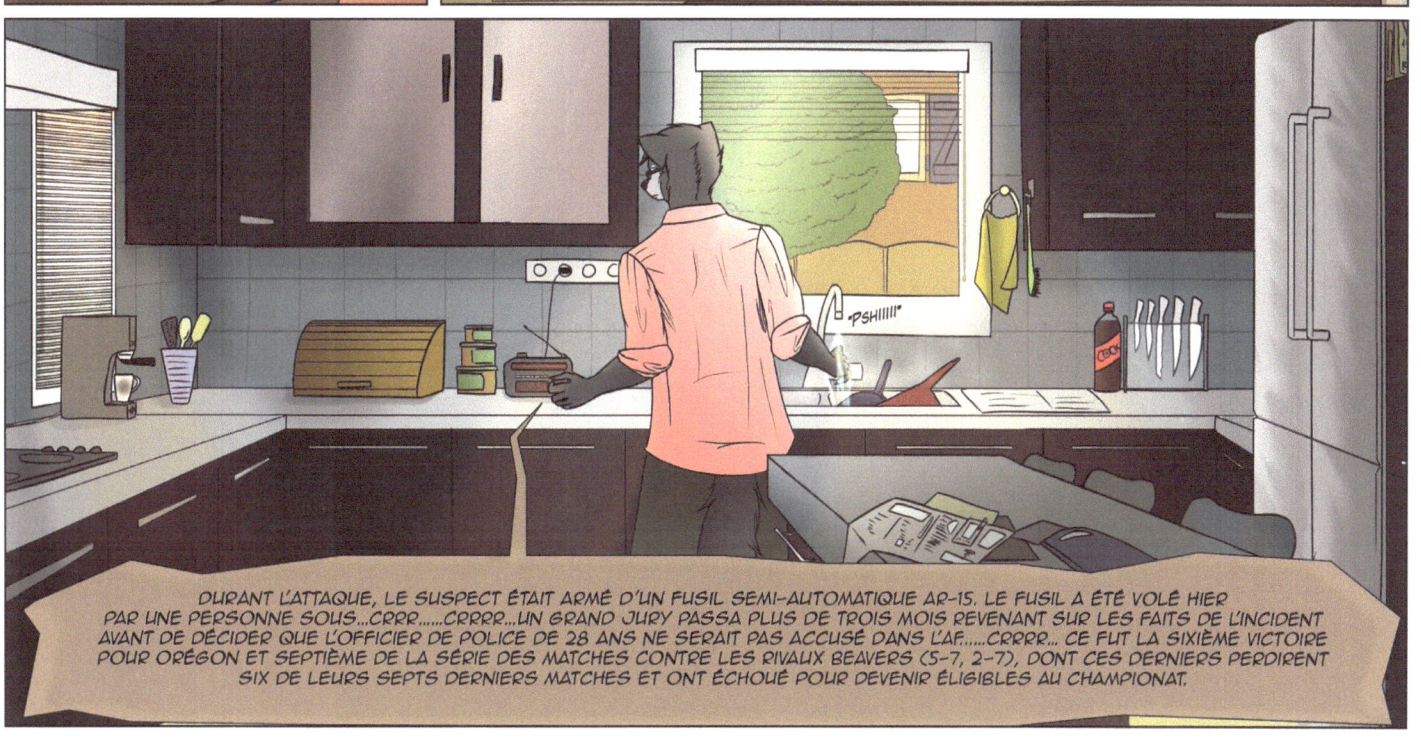

DURANT L'ATTAQUE, LE SUSPECT ÉTAIT ARMÉ D'UN FUSIL SEMI-AUTOMATIQUE AR-15. LE FUSIL A ÉTÉ VOLÉ HIER PAR UNE PERSONNE SOUS...CRRR......CRRR...UN GRAND JURY PASSA PLUS DE TROIS MOIS REVENANT SUR LES FAITS DE L'INCIDENT AVANT DE DÉCIDER QUE L'OFFICIER DE POLICE DE 28 ANS NE SERAIT PAS ACCUSÉ DANS L'AF......CRRRR... CE FUT LA SIXIÈME VICTOIRE POUR ORÉGON ET SEPTIÈME DE LA SÉRIE DES MATCHES CONTRE LES RIVAUX BEAVERS (5-7, 2-7), DONT CES DERNIERS PERDIRENT SIX DE LEURS SEPTS DERNIERS MATCHES ET ONT ÉCHOUÉ POUR DEVENIR ÉLIGIBLES AU CHAMPIONNAT.

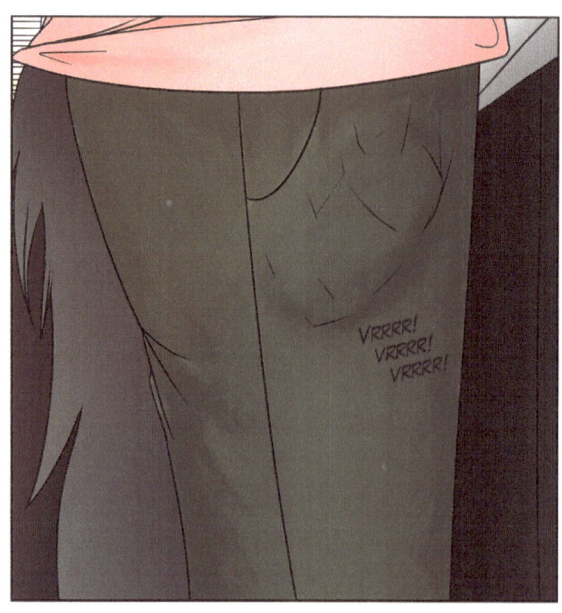

VRRRR!
VRRRR!
VRRRR!

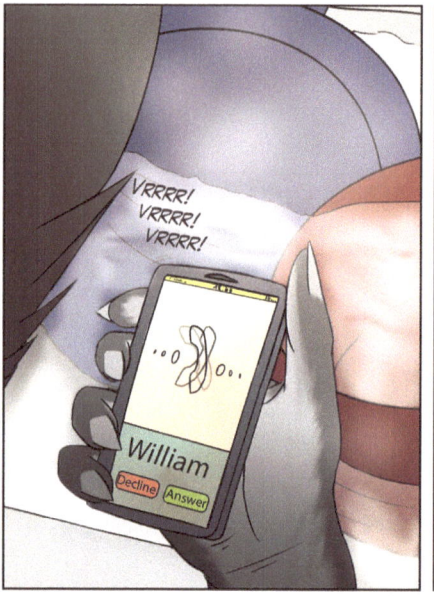

VRRRR!
VRRRR!
VRRRR!

William

Decline Answer

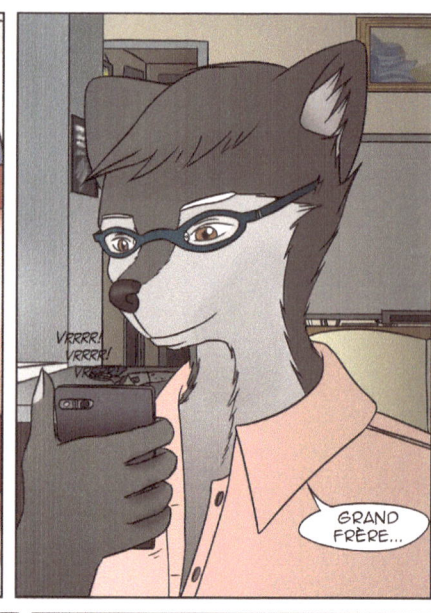

VRRRR!
VRRRR!
VR...

GRAND FRÈRE...

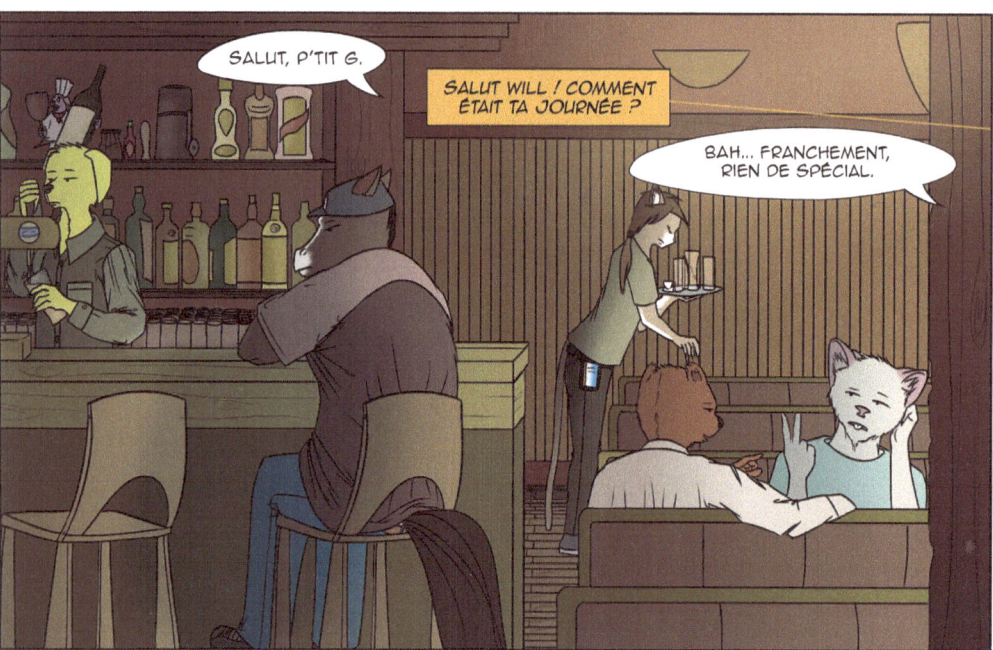

SALUT, P'TIT G.

SALUT WILL ! COMMENT ÉTAIT TA JOURNÉE ?

BAH... FRANCHEMENT, RIEN DE SPÉCIAL.

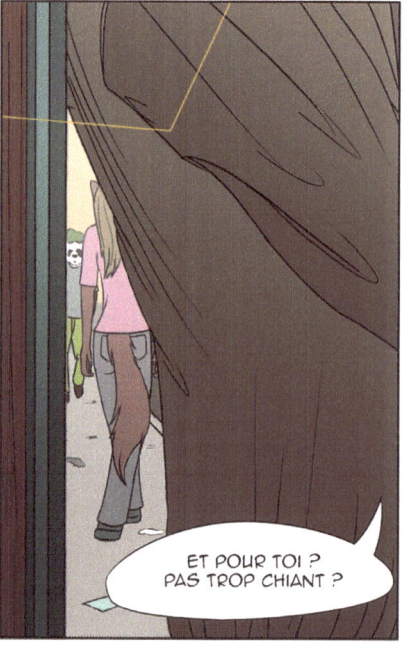

ET POUR TOI ? PAS TROP CHIANT ?

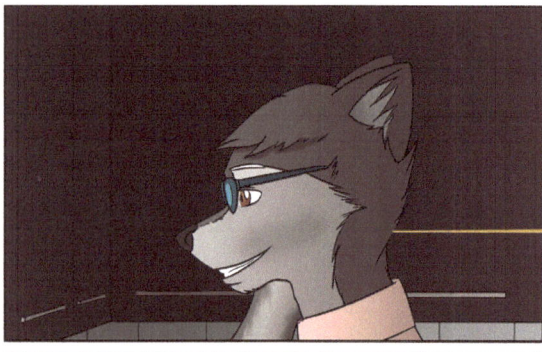

BOF, COMME D'HAB, RIEN D'IMPORTANT. JUSTE QUELQUES MESSAGES POUR TOI.

GÉNIAL, TU LES AS NOTÉS ?

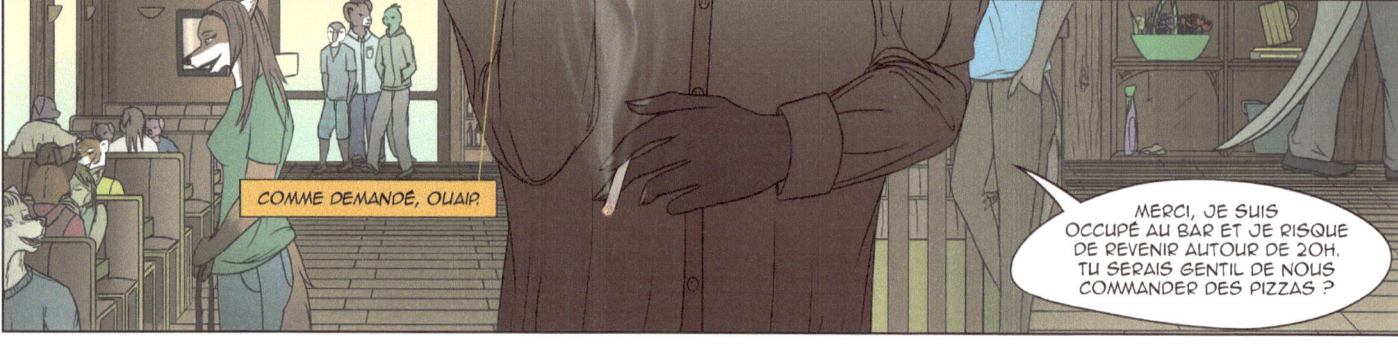

COMME DEMANDÉ, OUAIP.

MERCI, JE SUIS OCCUPÉ AU BAR ET JE RISQUE DE REVENIR AUTOUR DE 20H. TU SERAIS GENTIL DE NOUS COMMANDER DES PIZZAS ?

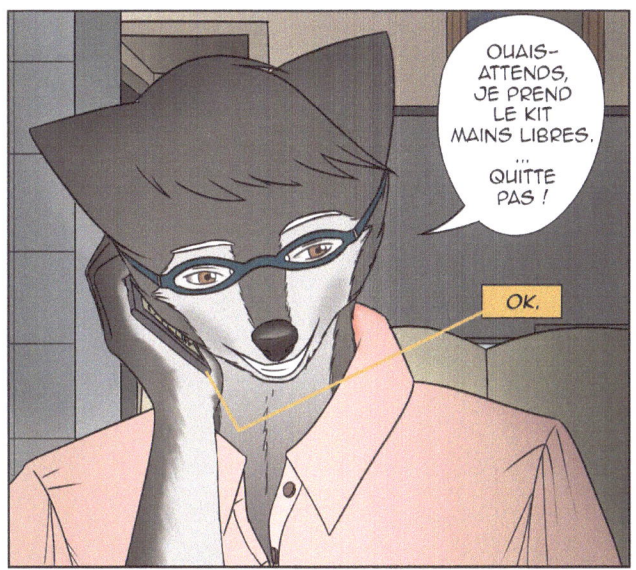
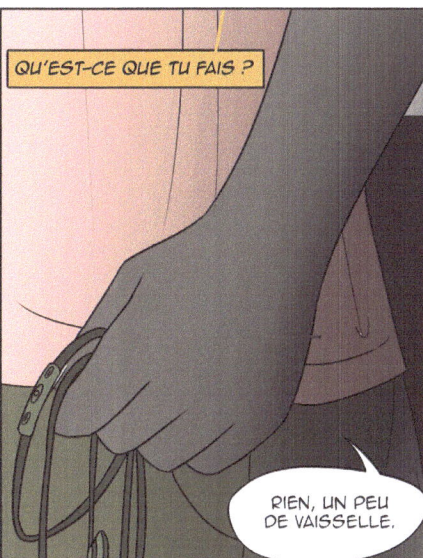
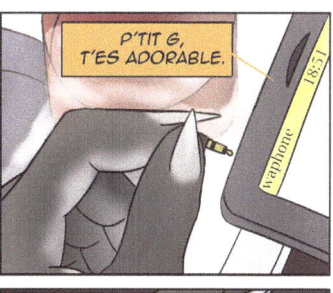
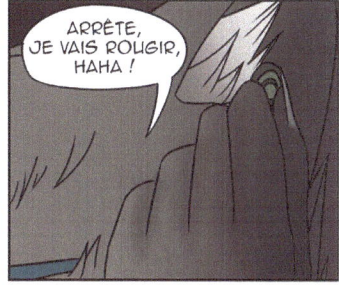
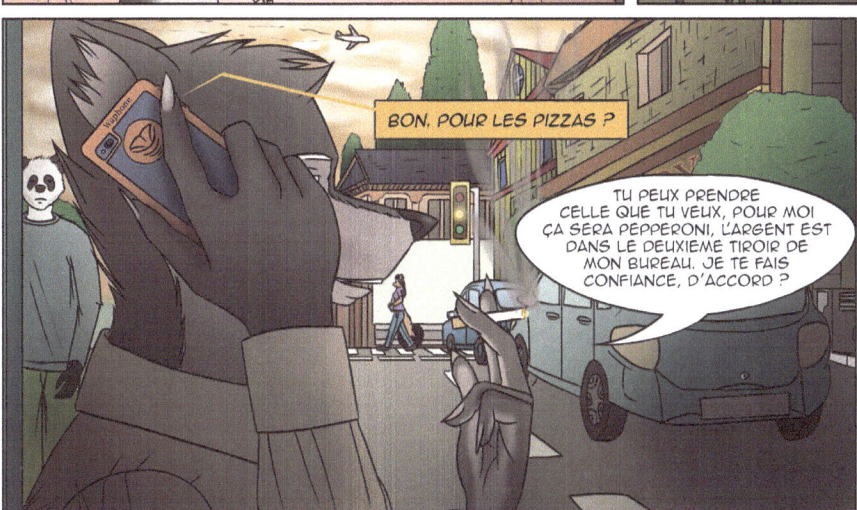
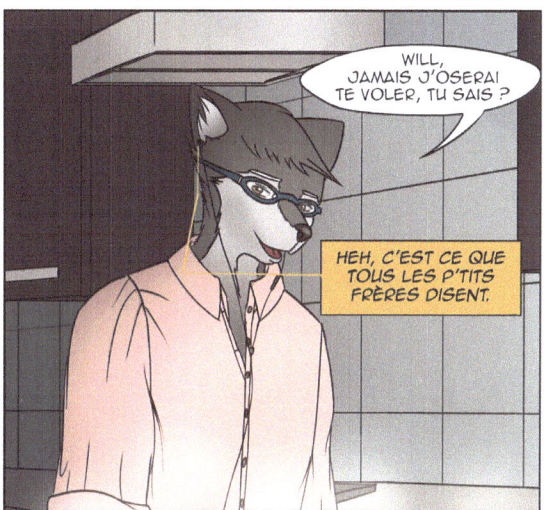
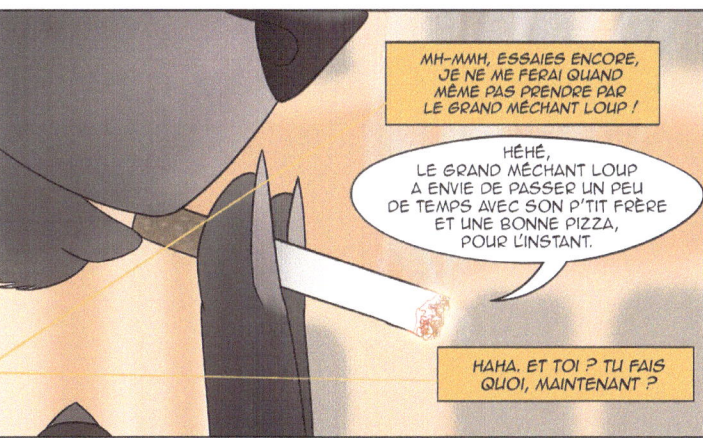
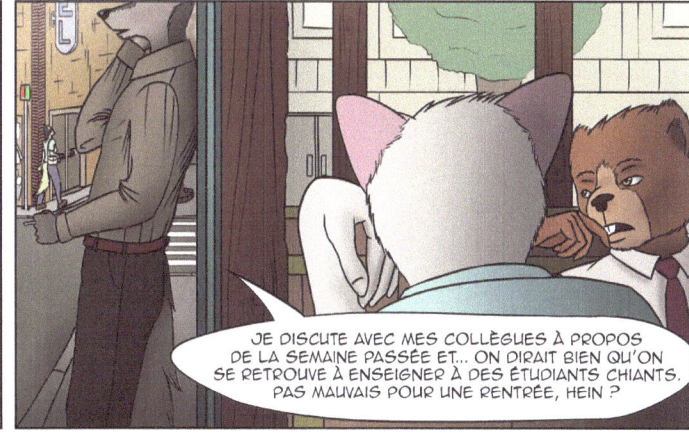
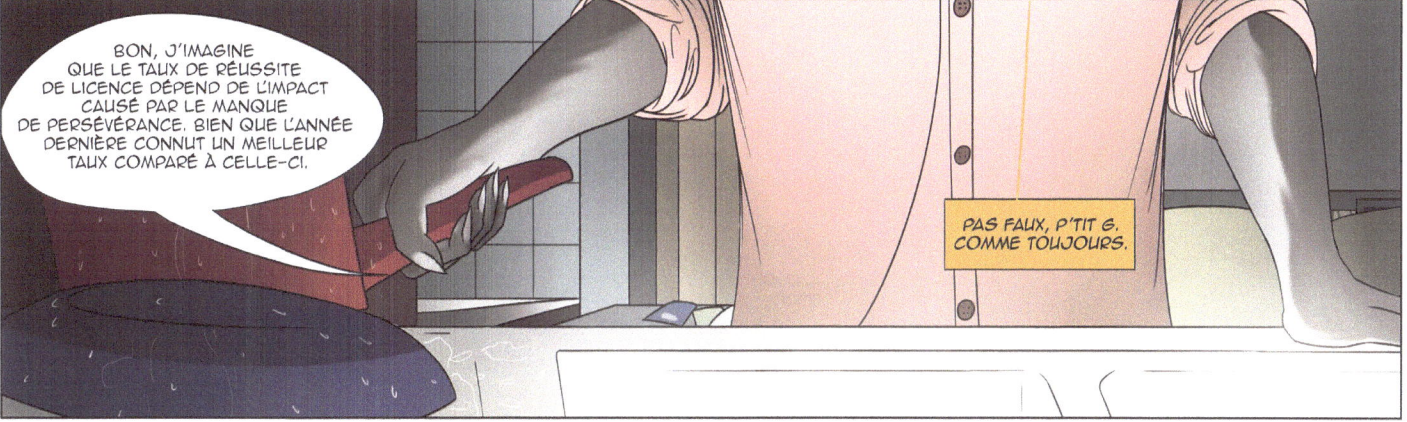

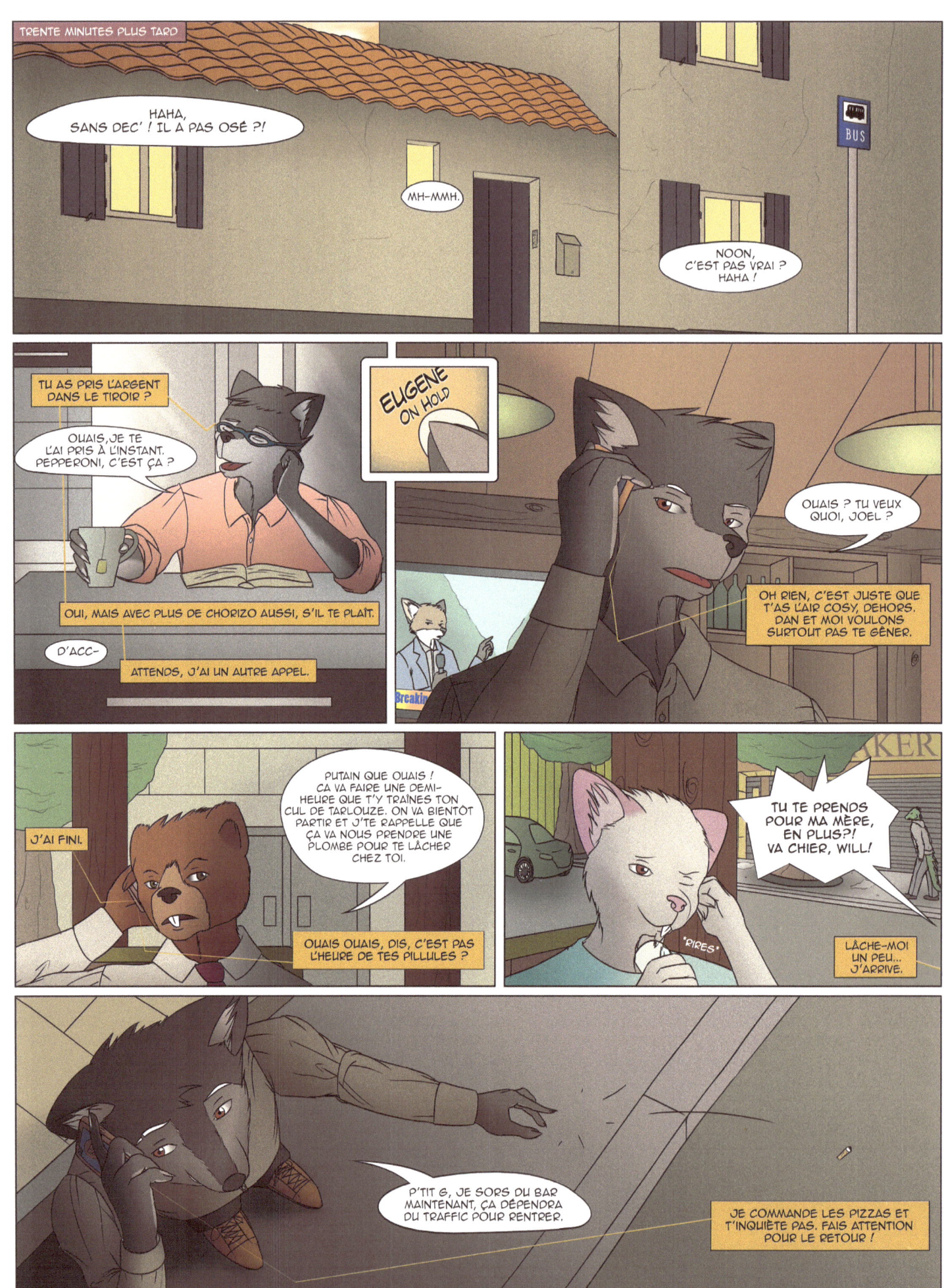

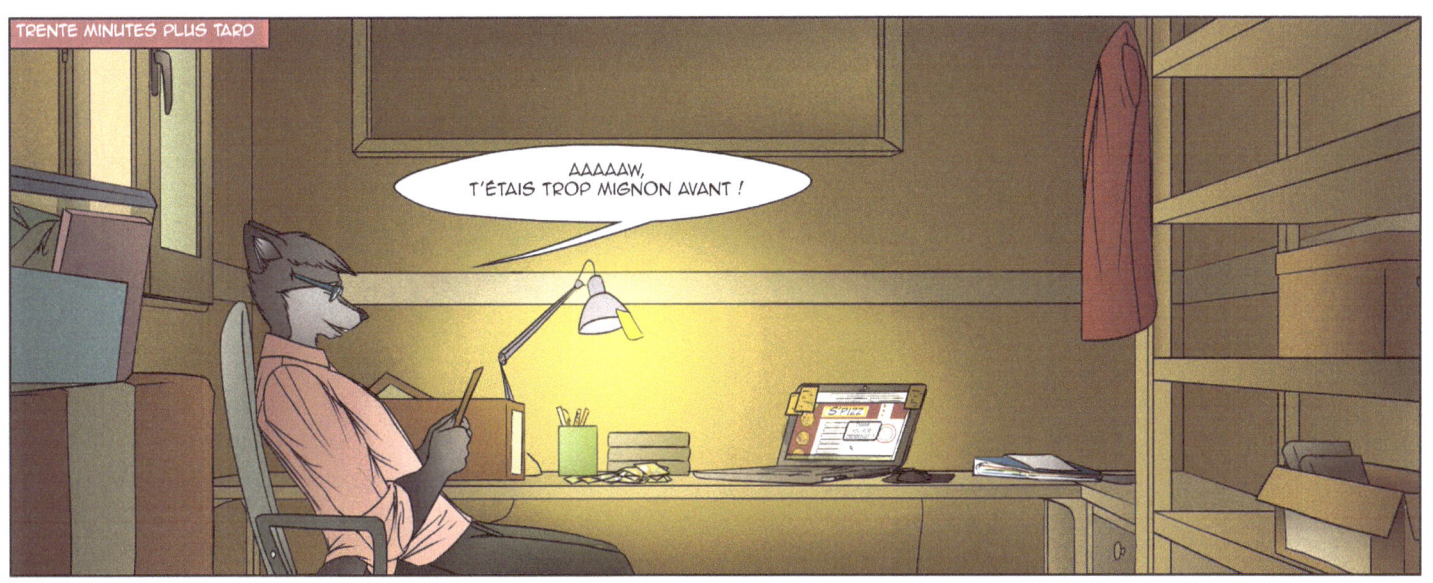

AAAAAW, T'ÉTAIS TROP MIGNON AVANT !

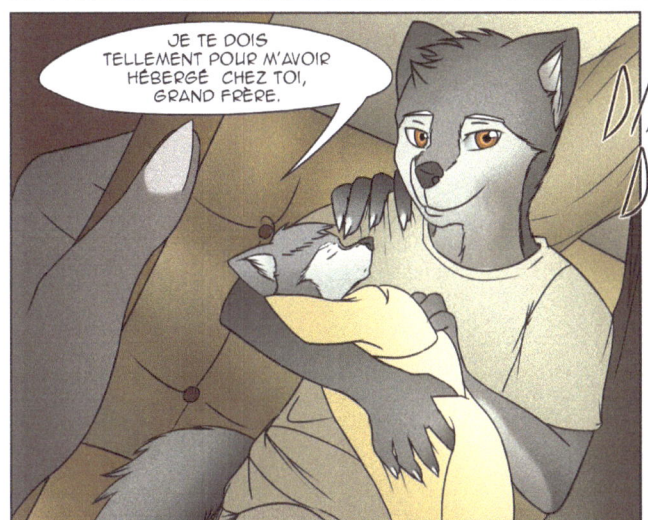

JE TE DOIS TELLEMENT POUR M'AVOIR HÉBERGÉ CHEZ TOI, GRAND FRÈRE.

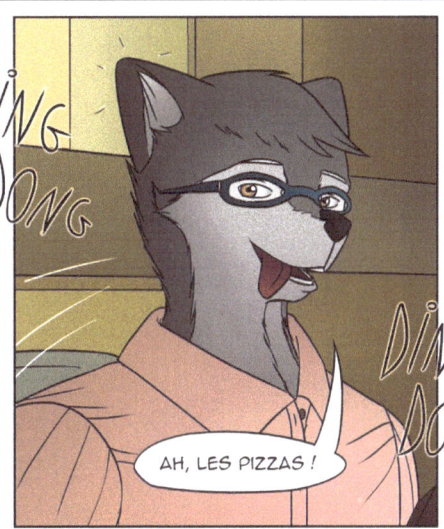

DING DONG

AH, LES PIZZAS !

DING DONG

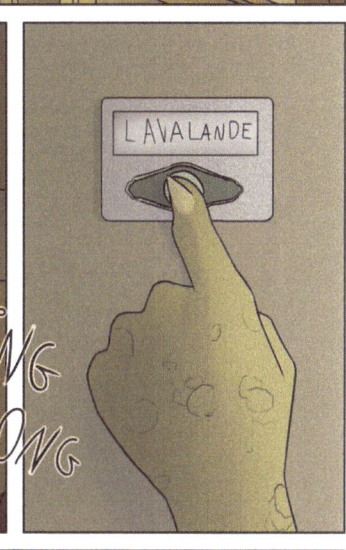

LAVALANDE

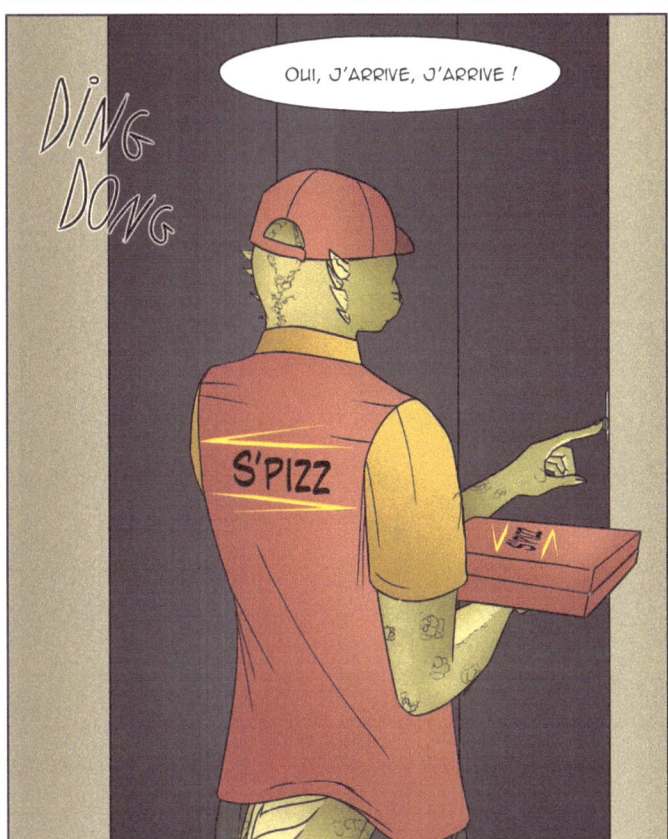

DING DONG

OUI, J'ARRIVE, J'ARRIVE !

S'PIZZ

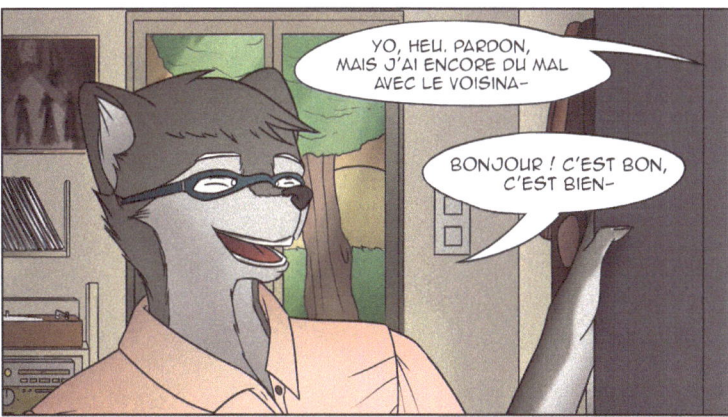

YO, HEU. PARDON, MAIS J'AI ENCORE DU MAL AVEC LE VOISINA—

BONJOUR ! C'EST BON, C'EST BIEN—

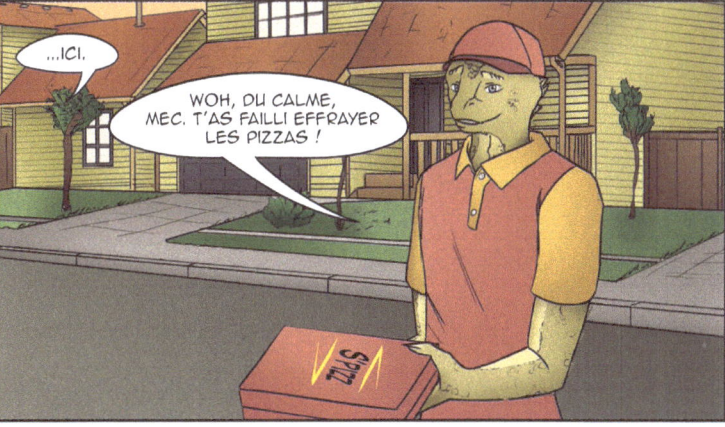

...ICI.

WOH, DU CALME, MEC. T'AS FAILLI EFFRAYER LES PIZZAS !

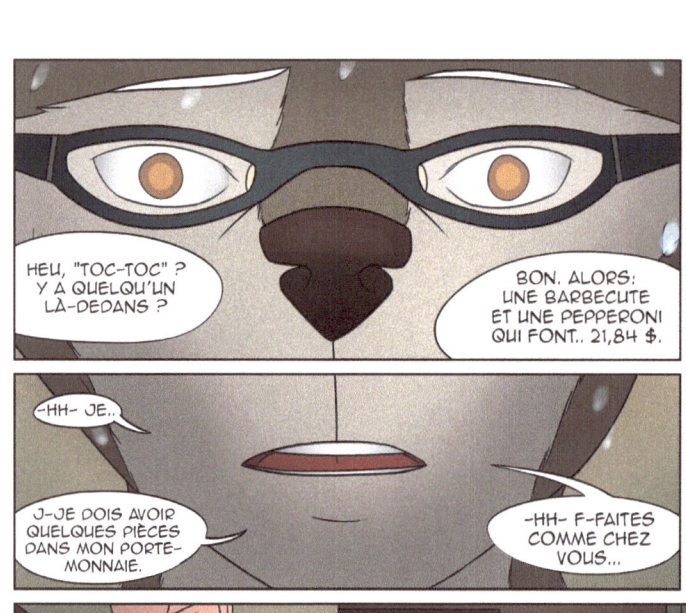

HEU, "TOC-TOC" ? Y A QUELQU'UN LÀ-DEDANS ?

BON, ALORS: UNE BARBECUTE ET UNE PEPPERONI QUI FONT.. 21,84 $.

-HH- JE..

J-JE DOIS AVOIR QUELQUES PIÈCES DANS MON PORTE-MONNAIE.

-HH- F-FAITES COMME CHEZ VOUS...

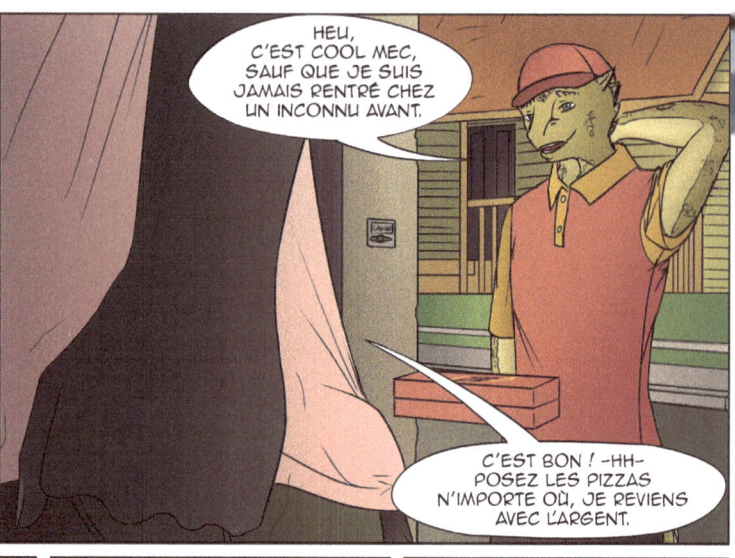

HEU, C'EST COOL MEC, SAUF QUE JE SUIS JAMAIS RENTRÉ CHEZ UN INCONNU AVANT.

C'EST BON ! -HH- POSEZ LES PIZZAS N'IMPORTE OÙ, JE REVIENS AVEC L'ARGENT.

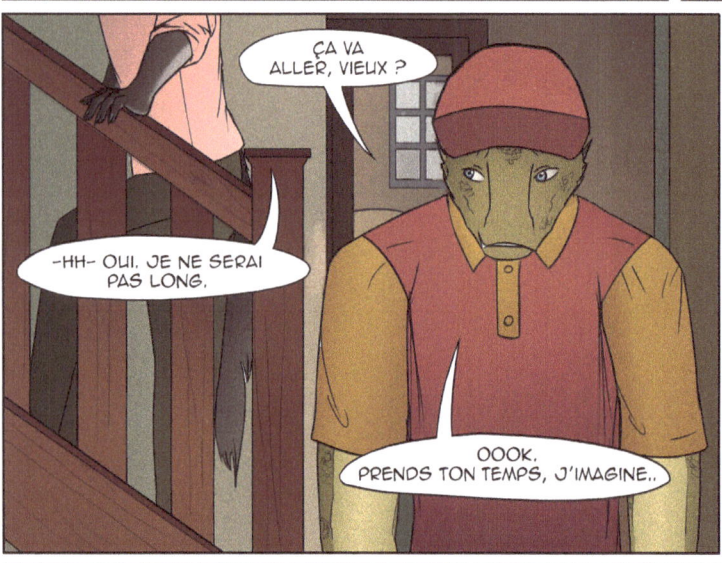

ÇA VA ALLER, VIEUX ?

-HH- OUI, JE NE SERAI PAS LONG.

OOOK. PRENDS TON TEMPS, J'IMAGINE..

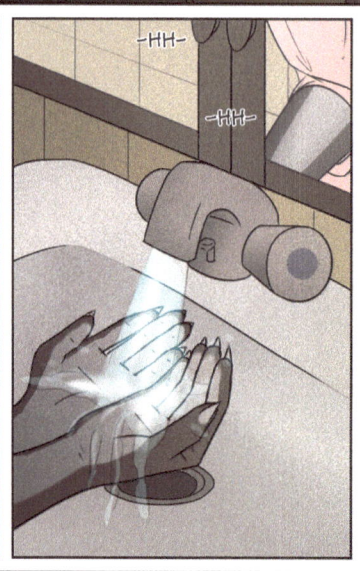

-HH-

-HH-

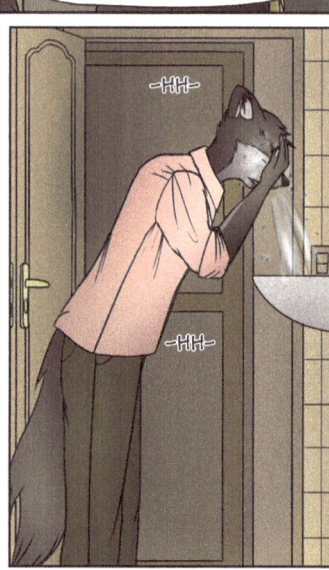

-HH-

-HH-

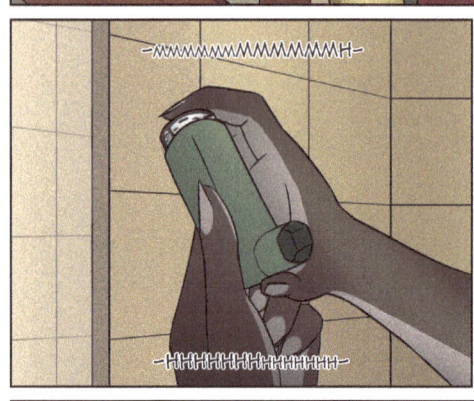

-MMMMMMMMMMMMMH-

-HHHHHHHHHHHHHH-

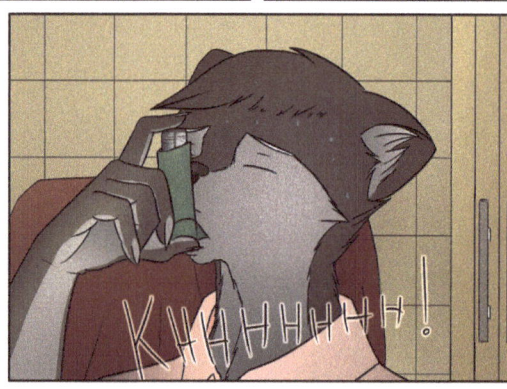

KHHHHHHH!

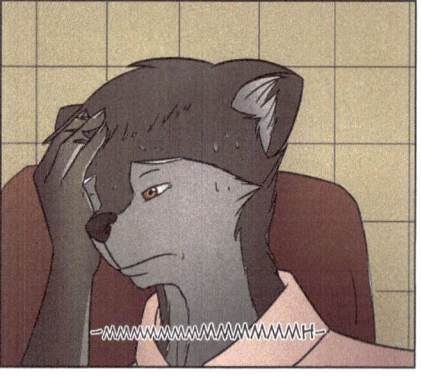

-MMMMMMMMMMMMMMMH-

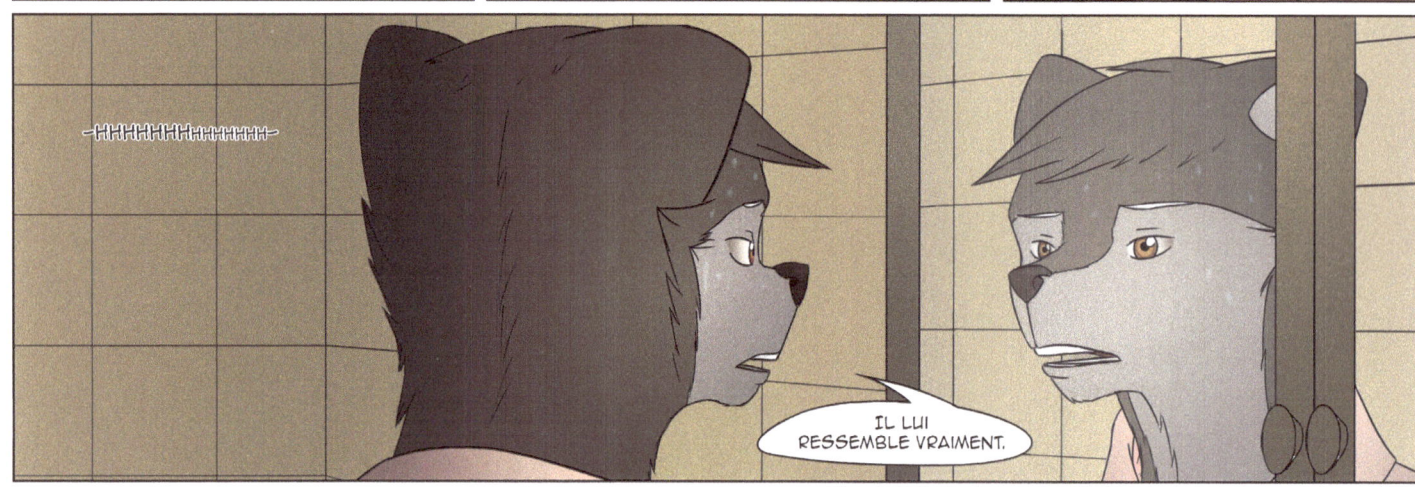

-HHHHHHHHHHHHH-

IL LUI RESSEMBLE VRAIMENT.

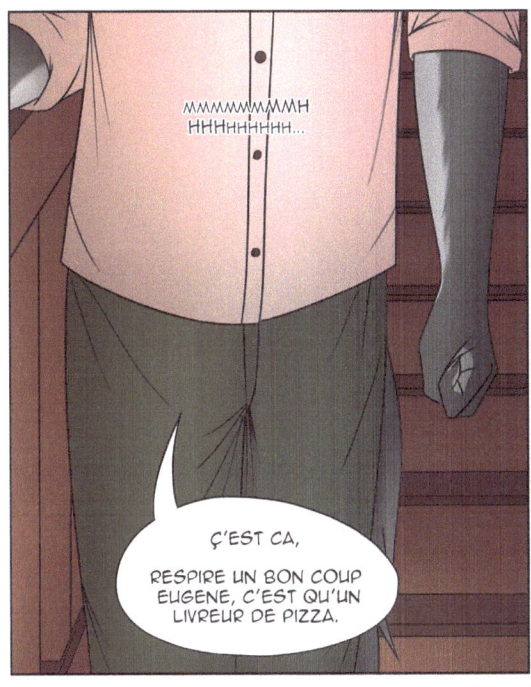

MMMMMMMMMH HHHHHHHH...

Ç'EST CA, RESPIRE UN BON COUP EUGENE, C'EST QU'UN LIVREUR DE PIZZA.

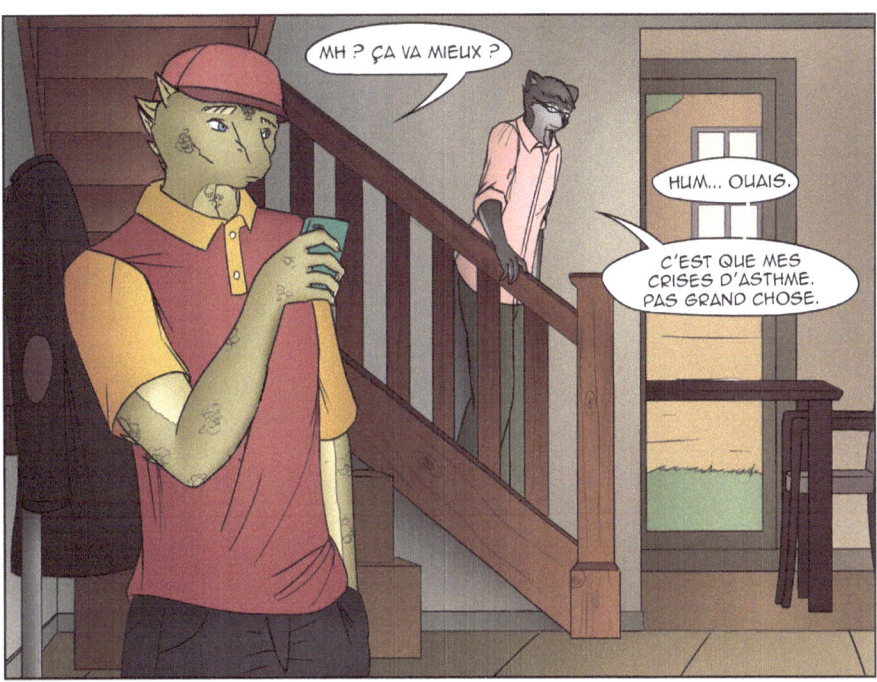

MH ? ÇA VA MIEUX ?

HUM... OUAIS.

C'EST QUE MES CRISES D'ASTHME. PAS GRAND CHOSE.

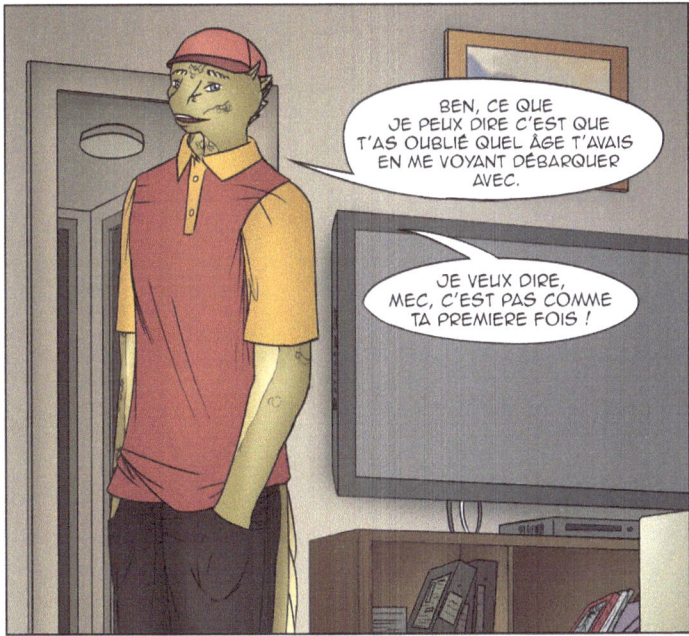

BEN, CE QUE JE PEUX DIRE C'EST QUE T'AS OUBLIÉ QUEL ÂGE T'AVAIS EN ME VOYANT DÉBARQUER AVEC.

JE VEUX DIRE, MEC, C'EST PAS COMME TA PREMIÈRE FOIS !

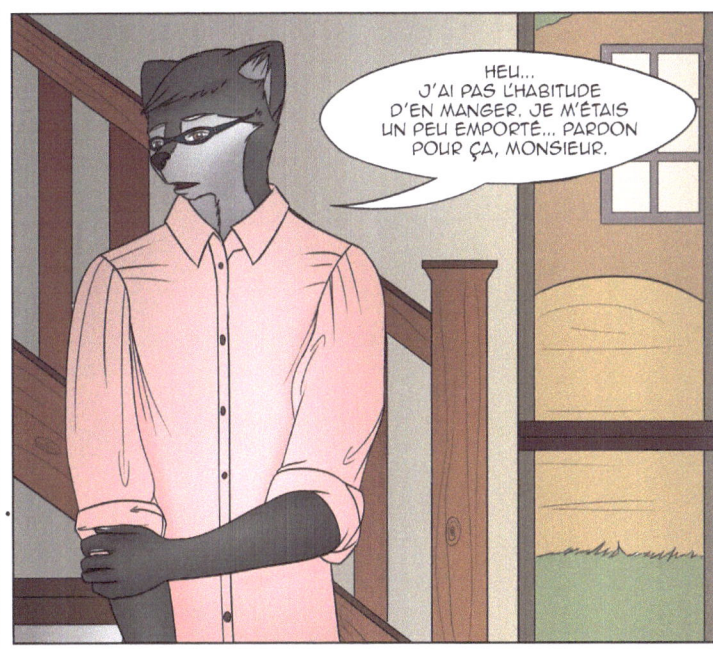

HEU... J'AI PAS L'HABITUDE D'EN MANGER. JE M'ÉTAIS UN PEU EMPORTÉ... PARDON POUR ÇA, MONSIEUR.

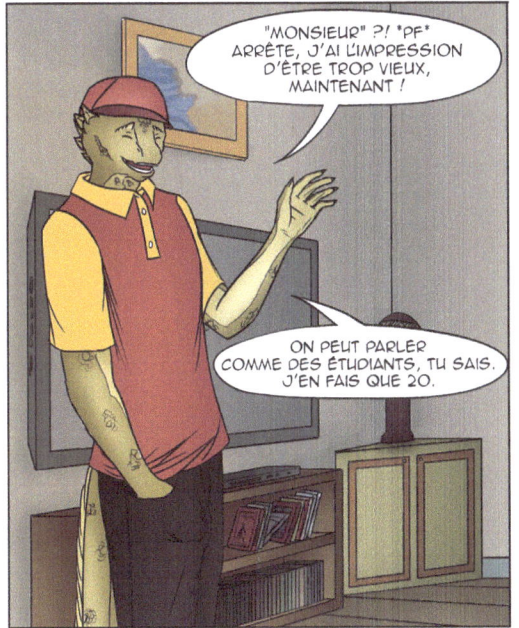

"MONSIEUR" ?! "PF" ARRÊTE, J'AI L'IMPRESSION D'ÊTRE TROP VIEUX, MAINTENANT !

ON PEUT PARLER COMME DES ÉTUDIANTS, TU SAIS. J'EN FAIS QUE 20.

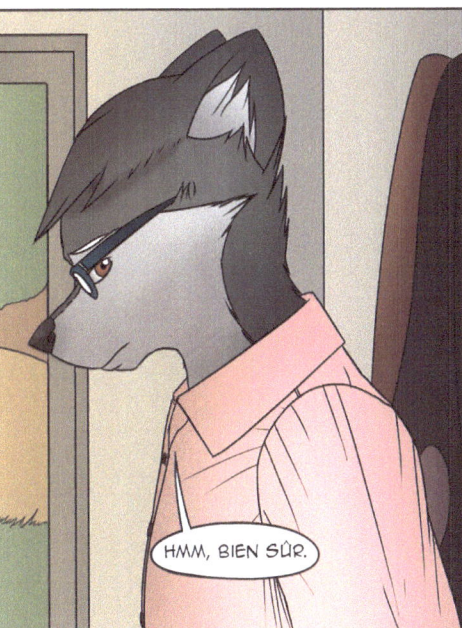

HMM, BIEN SÛR.

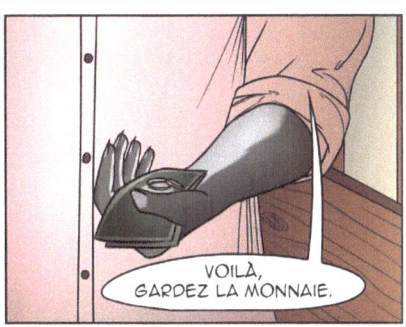

VOILÀ, GARDEZ LA MONNAIE.

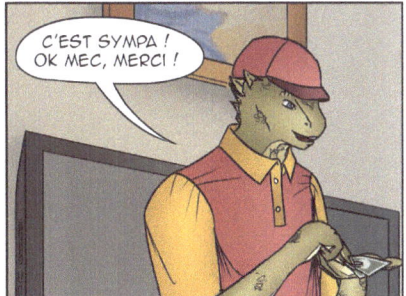

C'EST SYMPA ! OK MEC, MERCI !

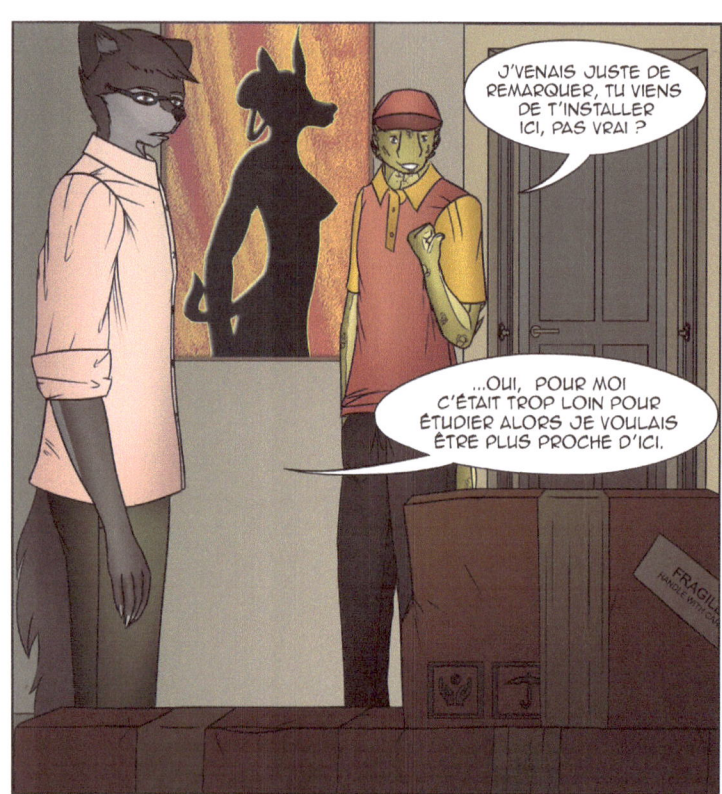

J'VENAIS JUSTE DE REMARQUER, TU VIENS DE T'INSTALLER ICI, PAS VRAI ?

...OUI, POUR MOI C'ÉTAIT TROP LOIN POUR ÉTUDIER ALORS JE VOULAIS ÊTRE PLUS PROCHE D'ICI.

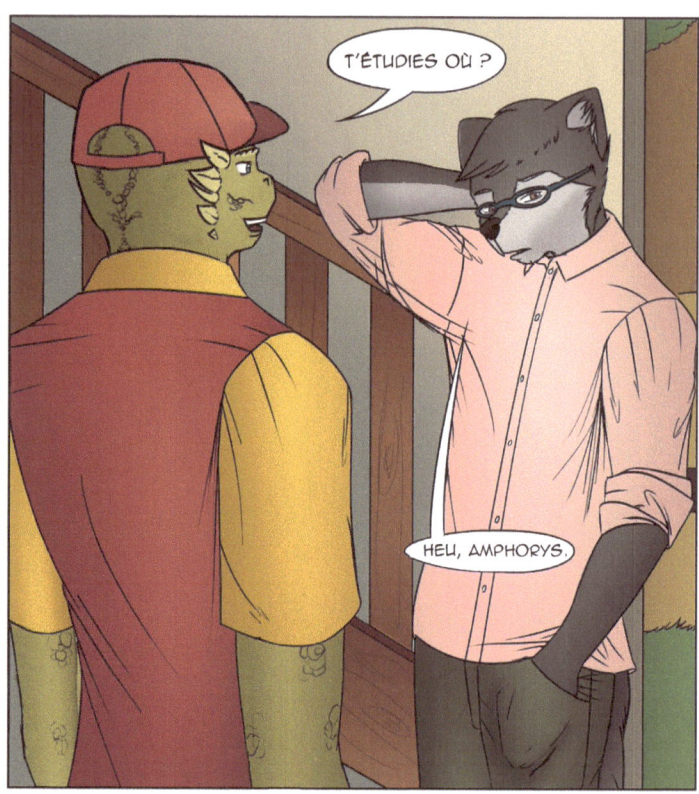

T'ÉTUDIES OÙ ?

HEU, AMPHORYS.

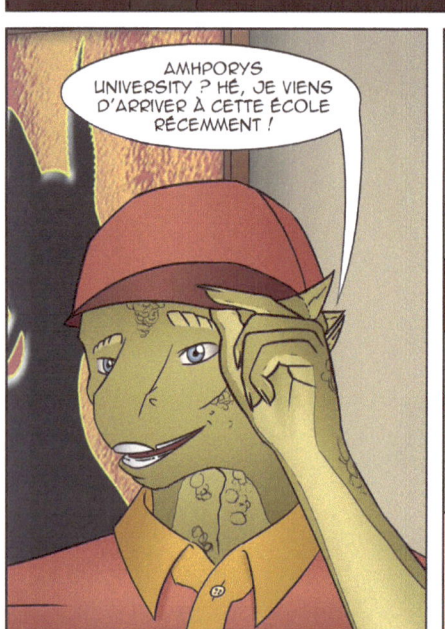

AMHPORYS UNIVERSITY ? HÉ, JE VIENS D'ARRIVER À CETTE ÉCOLE RÉCEMMENT !

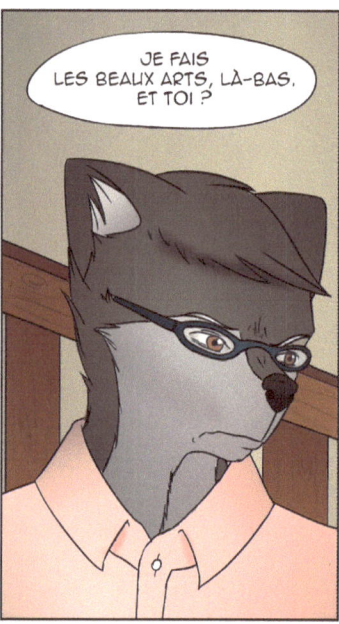

JE FAIS LES BEAUX ARTS, LÀ-BAS. ET TOI ?

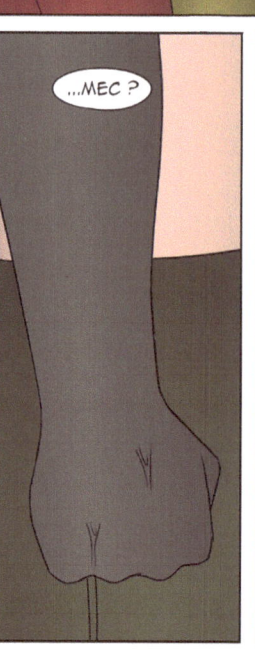

...MEC ?

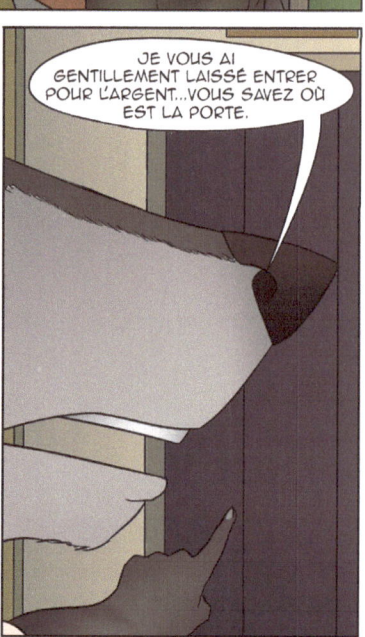

JE VOUS AI GENTILLEMENT LAISSÉ ENTRER POUR L'ARGENT...VOUS SAVEZ OÙ EST LA PORTE.

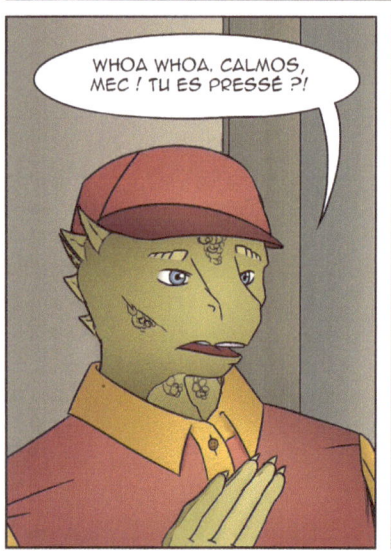

WHOA WHOA. CALMOS, MEC ! TU ES PRESSÉ ?!

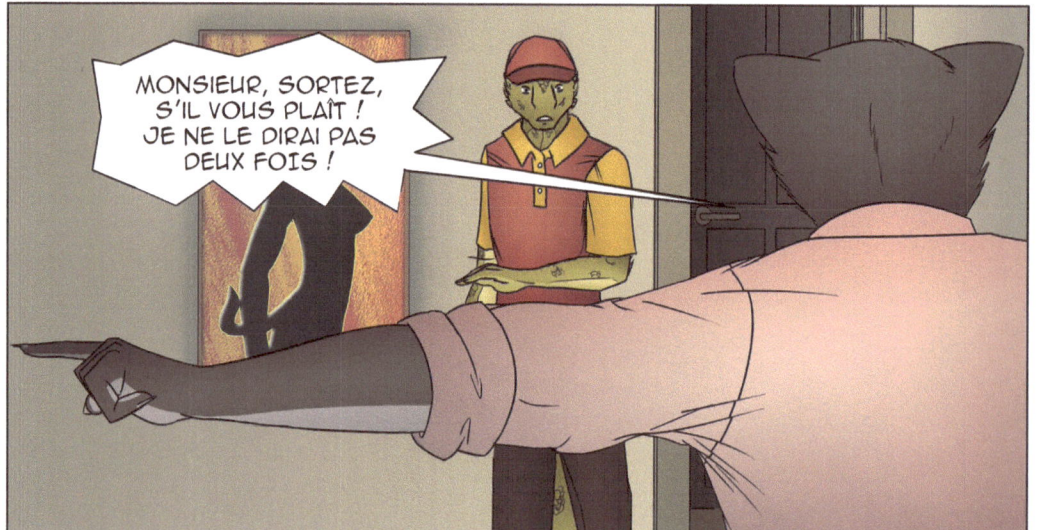

MONSIEUR, SORTEZ, S'IL VOUS PLAÎT ! JE NE LE DIRAI PAS DEUX FOIS !

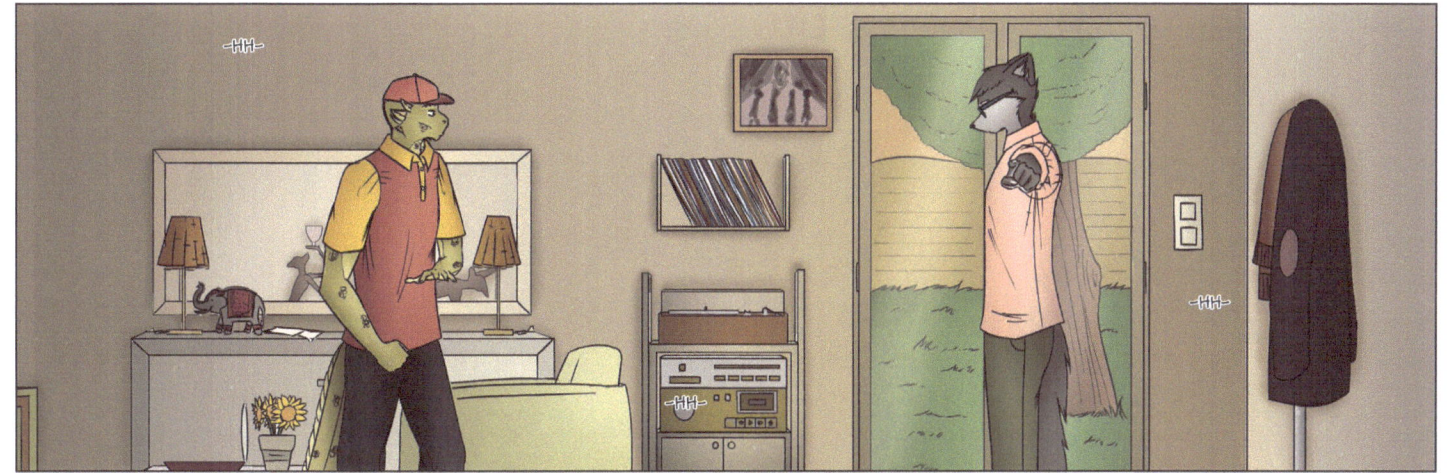

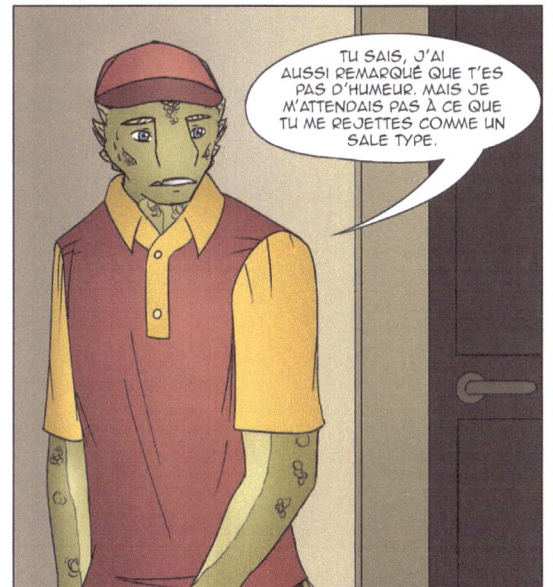

TU SAIS, J'AI AUSSI REMARQUÉ QUE T'ES PAS D'HUMEUR. MAIS JE M'ATTENDAIS PAS À CE QUE TU ME REJETTES COMME UN SALE TYPE.

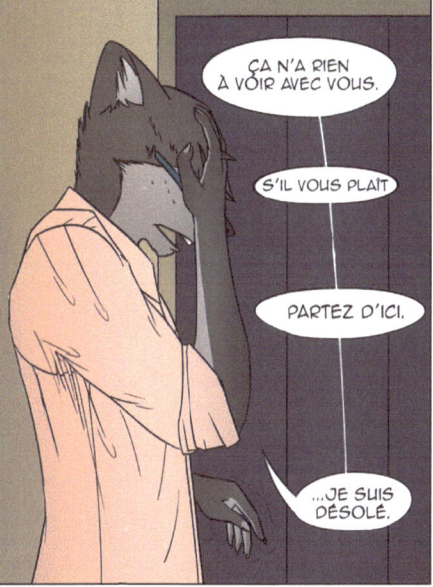

ÇA N'A RIEN À VOIR AVEC VOUS.

S'IL VOUS PLAÎT

PARTEZ D'ICI.

...JE SUIS DÉSOLÉ.

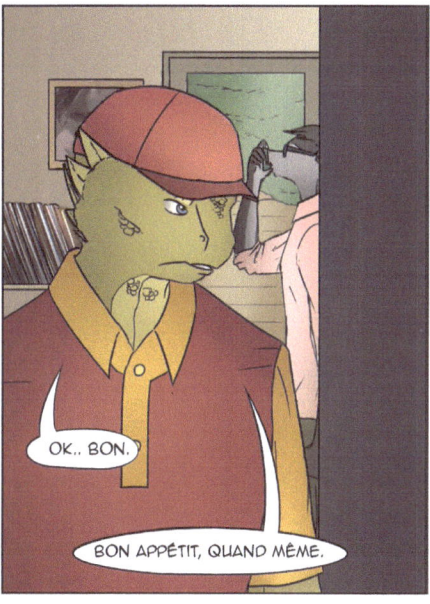

OK.. BON.

BON APPÉTIT, QUAND MÊME.

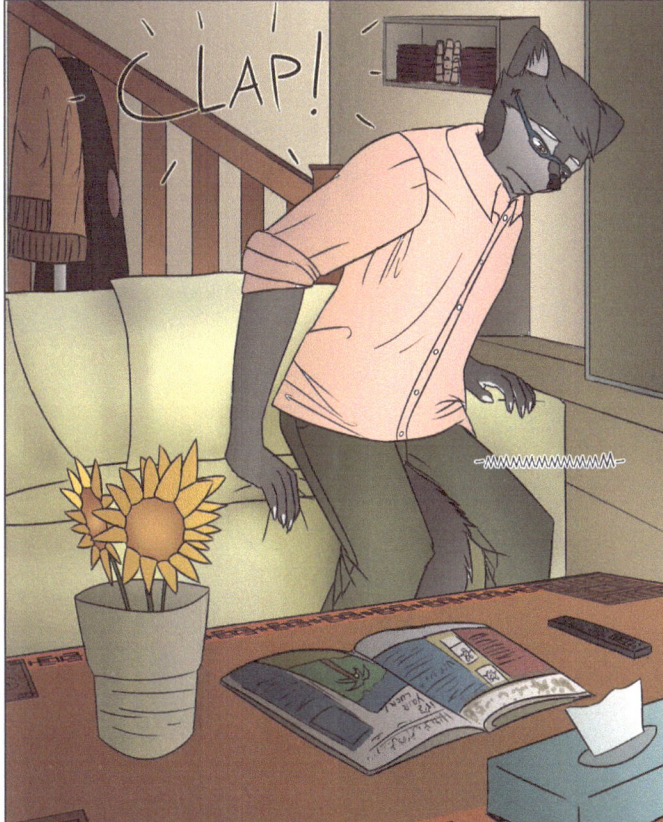

CLAP!

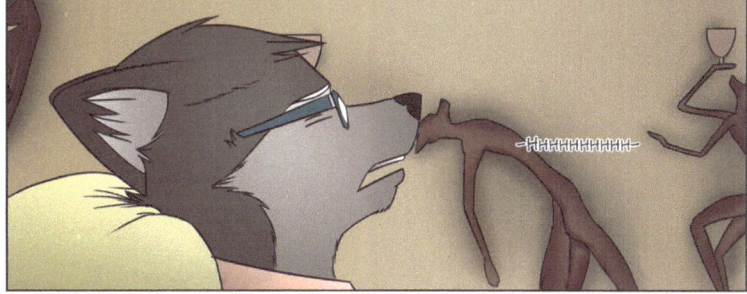

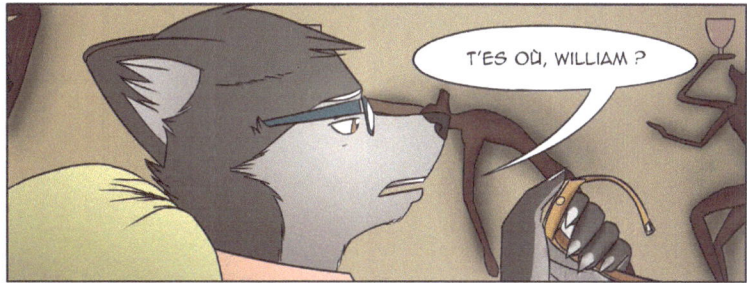

T'ES OÙ, WILLIAM ?

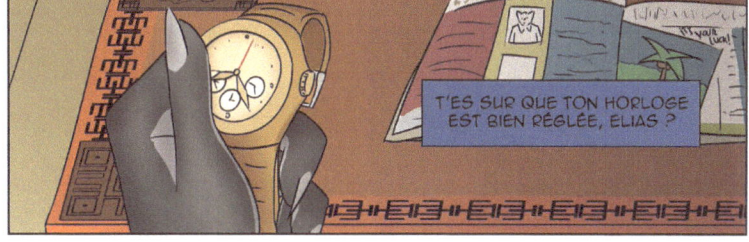

T'ES SÛR QUE TON HORLOGE EST BIEN RÉGLÉE, ELIAS ?

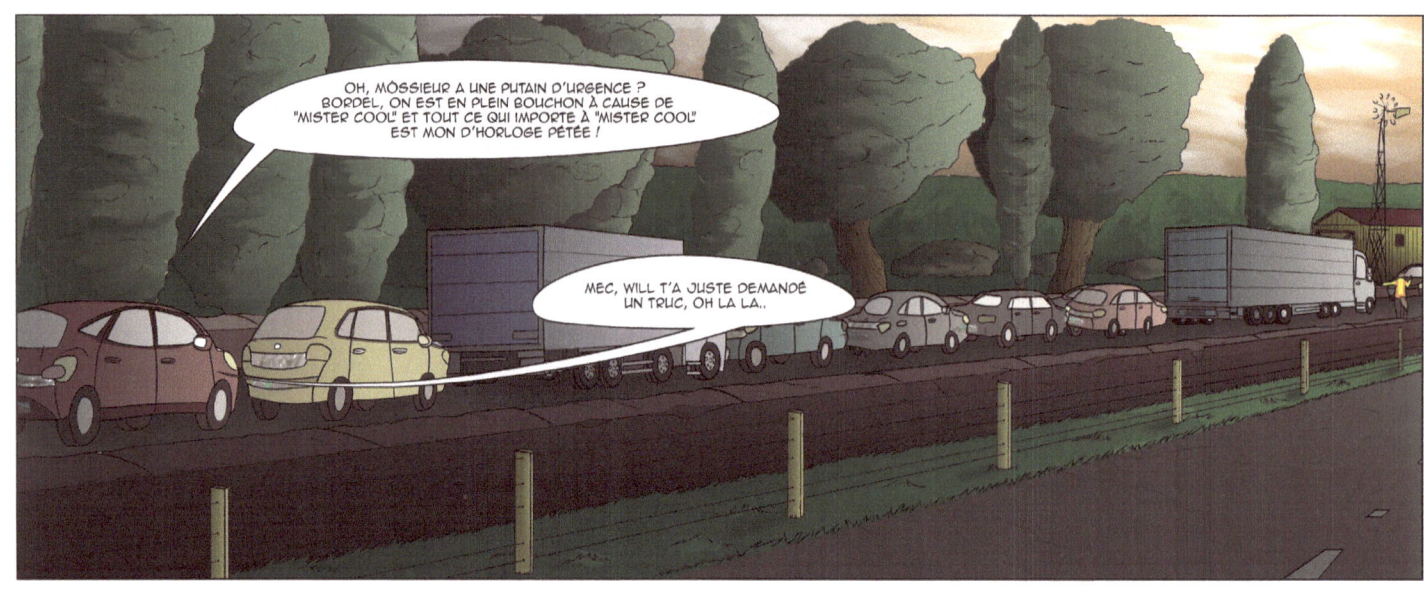

OH, MÔSSIEUR A UNE PUTAIN D'URGENCE ? BORDEL, ON EST EN PLEIN BOUCHON À CAUSE DE "MISTER COOL" ET TOUT CE QUI IMPORTE À "MISTER COOL" EST MON D'HORLOGE PÉTÉE !

MEC, WILL T'A JUSTE DEMANDÉ UN TRUC, OH LA LA..

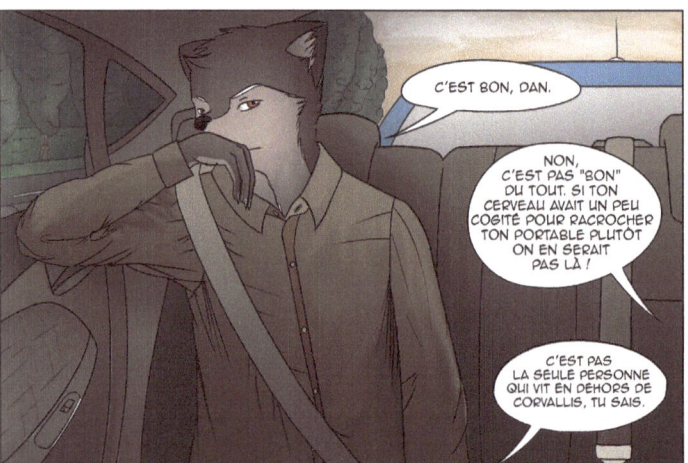

C'EST BON, DAN.

NON, C'EST PAS "BON" DU TOUT. SI TON CERVEAU AVAIT UN PEU COGITÉ POUR RACCROCHER TON PORTABLE PLUTÔT ON EN SERAIT PAS LÀ !

C'EST PAS LA SEULE PERSONNE QUI VIT EN DEHORS DE CORVALLIS, TU SAIS.

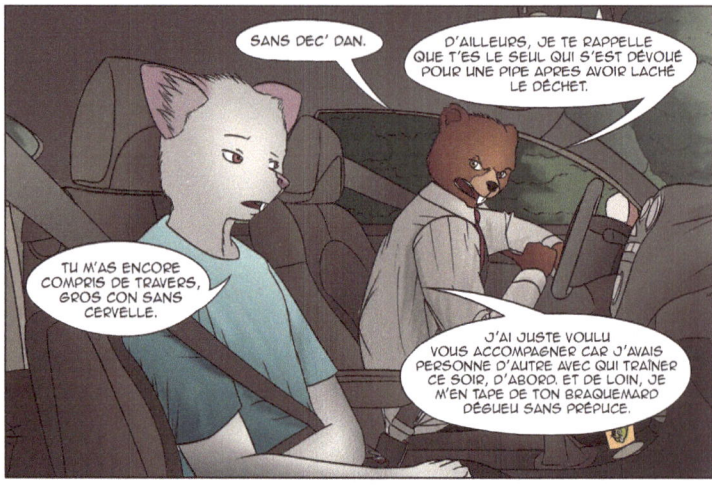

SANS DEC' DAN.

D'AILLEURS, JE TE RAPPELLE QUE T'ES LE SEUL QUI S'EST DÉVOUÉ POUR UNE PIPE APRÈS AVOIR LÂCHÉ LE DÉCHET.

TU M'AS ENCORE COMPRIS DE TRAVERS, GROS CON SANS CERVELLE.

J'AI JUSTE VOULU VOUS ACCOMPAGNER CAR J'AVAIS PERSONNE D'AUTRE AVEC QUI TRAÎNER CE SOIR, D'ABORD. ET DE LOIN, JE M'EN TAPE DE TON BRAQUEMARD DÉGUEU SANS PRÉPUCE.

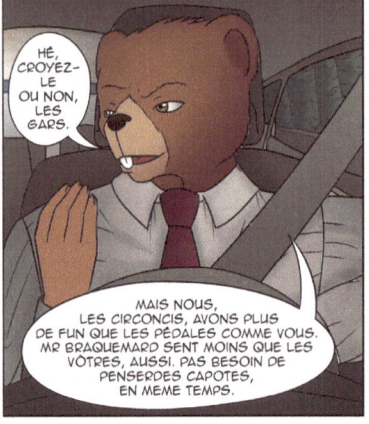

HÉ, CROYEZ-LE OU NON, LES GARS.

MAIS NOUS, LES CIRCONCIS, AVONS PLUS DE FUN QUE LES PÉDALES COMME VOUS. MR BRAQUEMARD SENT MOINS QUE LES VÔTRES, AUSSI. PAS BESOIN DE PENSE DES CAPOTES, EN MÊME TEMPS.

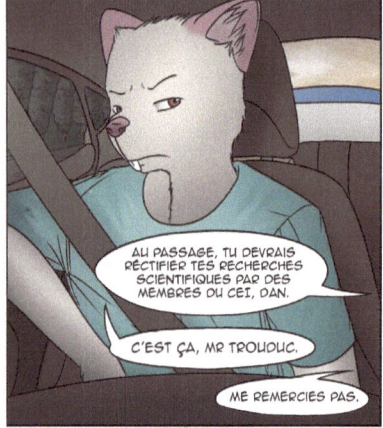

AU PASSAGE, TU DEVRAIS RECTIFIER TES RECHERCHES SCIENTIFIQUES PAR DES MEMBRES DU CEI, DAN.

C'EST ÇA, MR TROUDUC.

ME REMERCIES PAS,

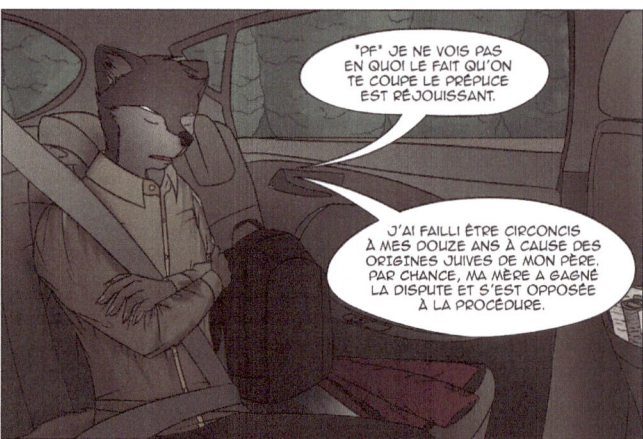

"PF" JE NE VOIS PAS EN QUOI LE FAIT QU'ON TE COUPE LE PRÉPUCE EST RÉJOUISSANT.

J'AI FAILLI ÊTRE CIRCONCIS À MES DOUZE ANS À CAUSE DES ORIGINES JUIVES DE MON PÈRE. PAR CHANCE, MA MÈRE A GAGNÉ LA DISPUTE ET S'EST OPPOSÉE À LA PROCÉDURE.

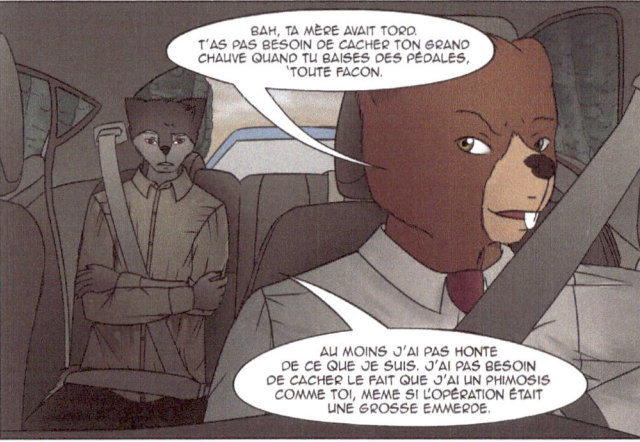

BAH, TA MÈRE AVAIT TORD. T'AS PAS BESOIN DE CACHER TON GRAND CHAUVE QUAND TU BAISES DES PÉDALES, 'TOUTE FAÇON.

AU MOINS J'AI PAS HONTE DE CE QUE JE SUIS. J'AI PAS BESOIN DE CACHER LE FAIT QUE J'AI UN PHIMOSIS COMME TOI, MÊME SI L'OPÉRATION ÉTAIT UNE GROSSE EMMERDE.

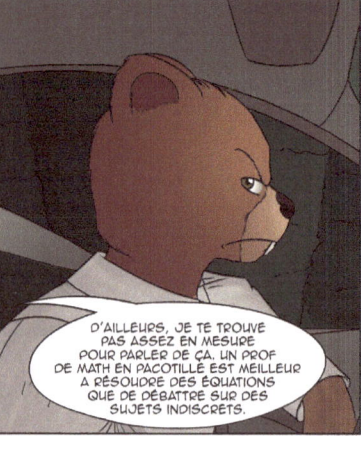

D'AILLEURS, JE TE TROUVE PAS ASSEZ EN MESURE POUR PARLER DE ÇA. UN PROF DE MATH EN PACOTILLE EST MEILLEUR À RÉSOUDRE DES ÉQUATIONS QUE DE DÉBATTRE SUR DES SUJETS INDISCRETS.

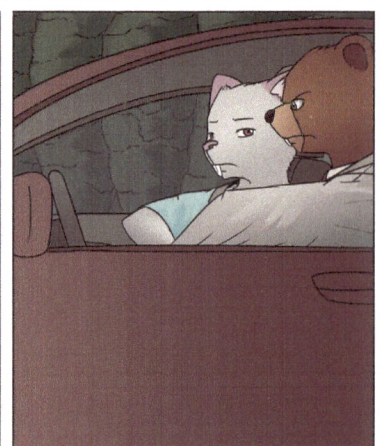

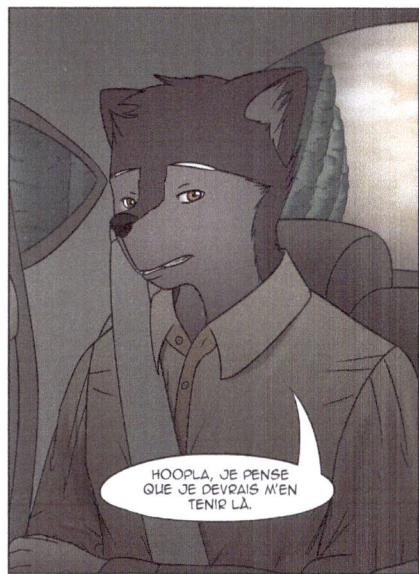

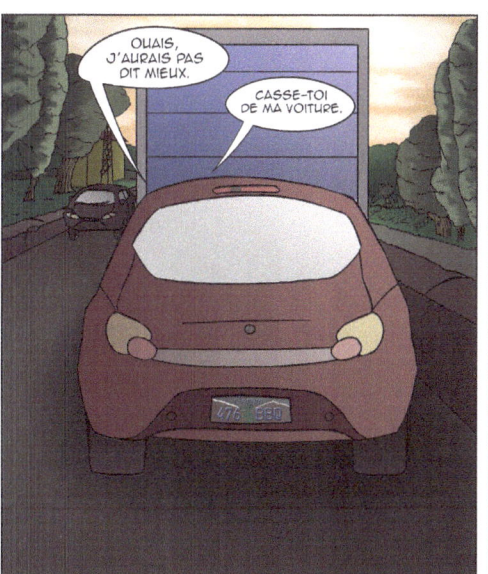

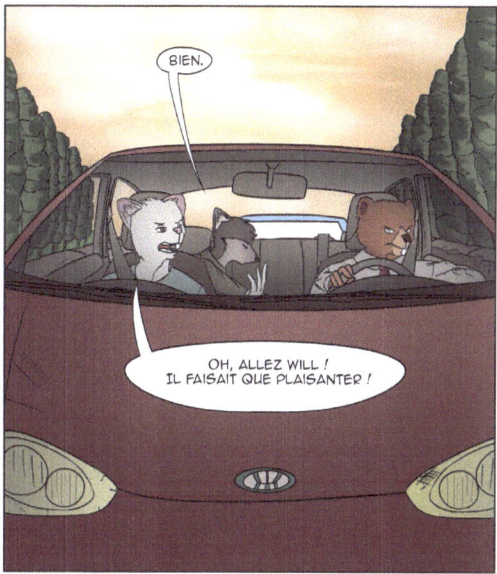

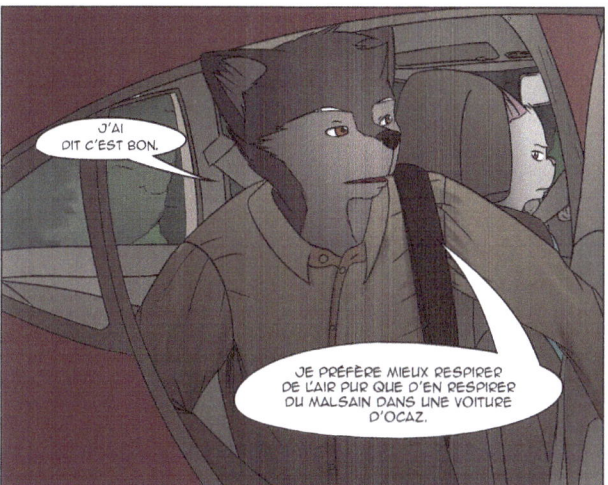

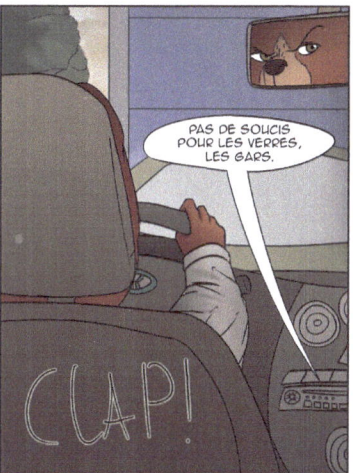

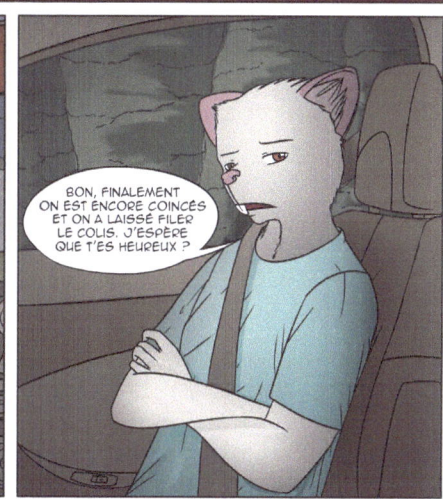

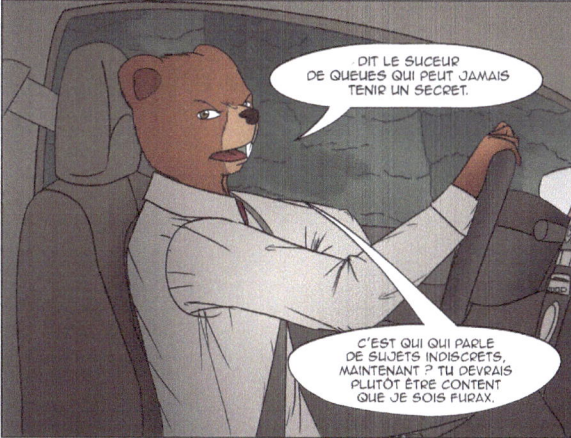

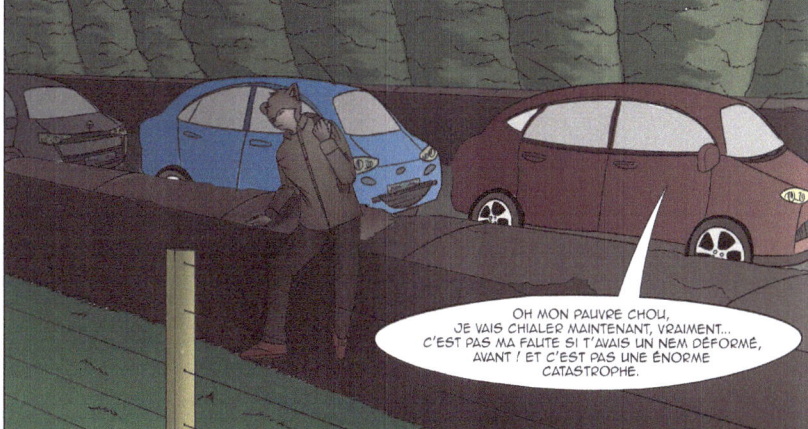

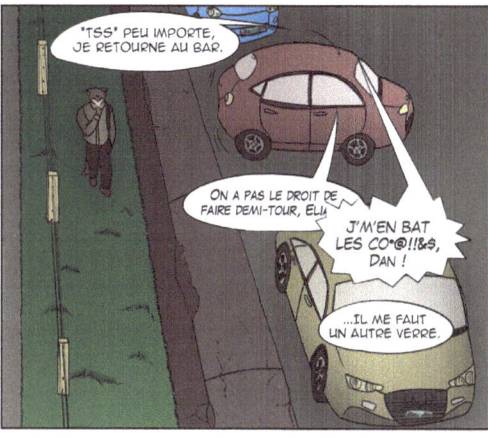

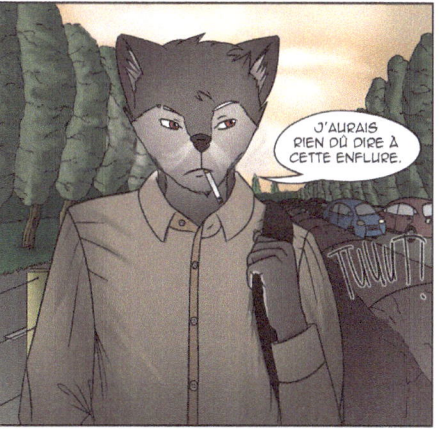

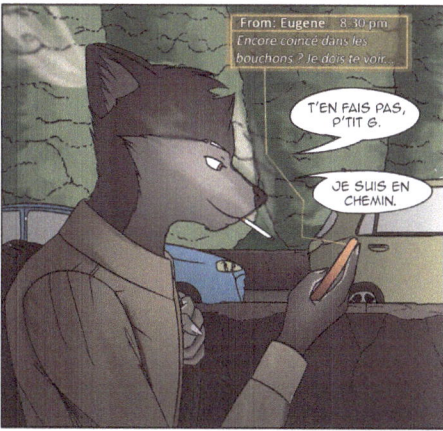

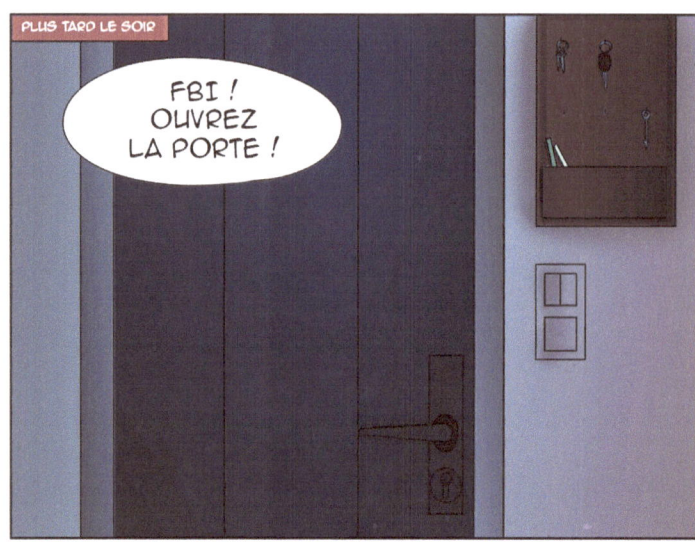

FBI !
OUVREZ
LA PORTE !

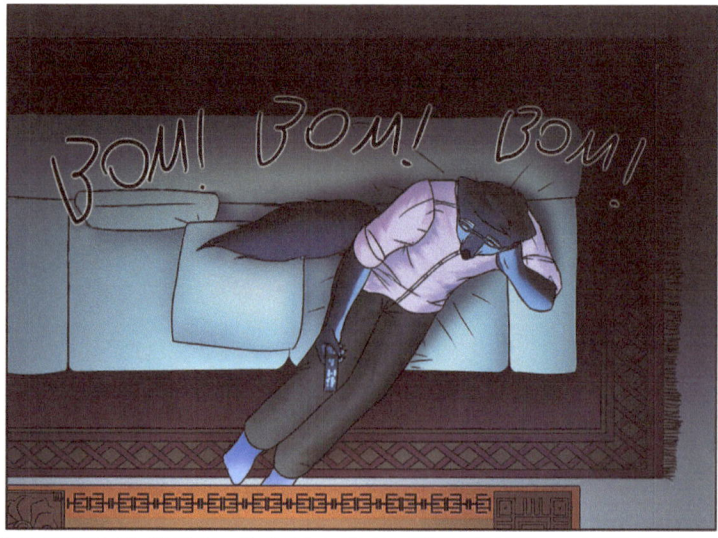

BOM! BOM! BOM!

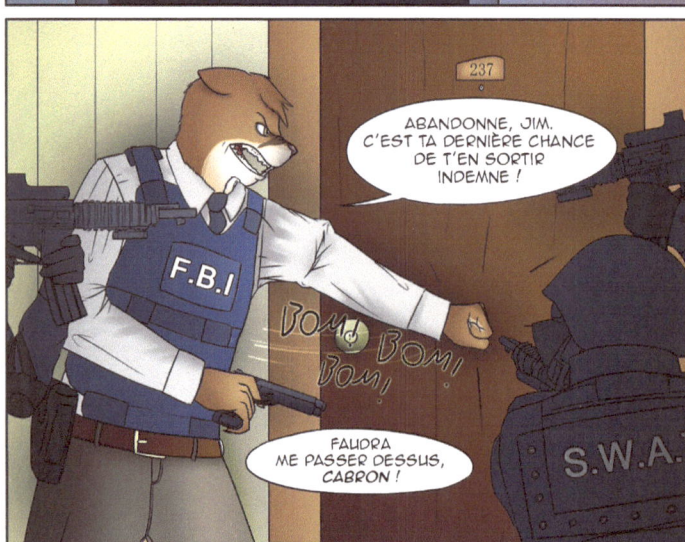

ABANDONNE, JIM.
C'EST TA DERNIÈRE CHANCE
DE T'EN SORTIR
INDEMNE !

FAUDRA
ME PASSER DESSUS,
CABRON !

F.B.I

BOM! BOM!
BOM!

S.W.A.T

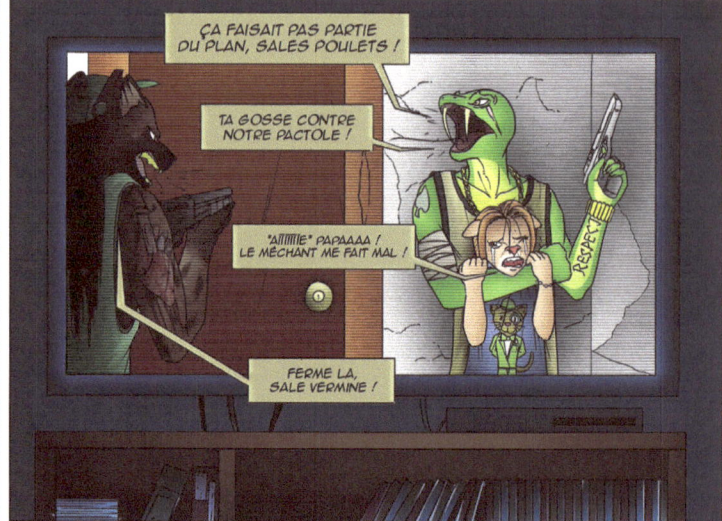

ÇA FAISAIT PAS PARTIE
DU PLAN, SALES POULETS !

TA GOSSE CONTRE
NOTRE PACTOLE !

"AÏÏÏÏE" PAPAAAA !
LE MÉCHANT ME FAIT MAL !

FERME LA,
SALE VERMINE !

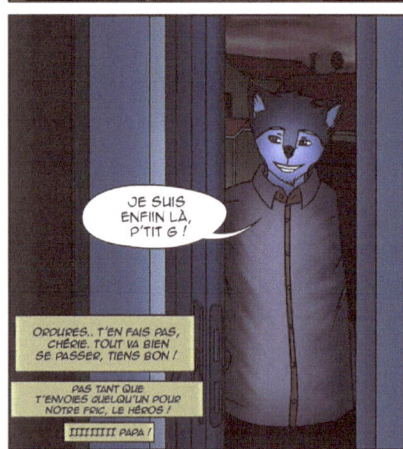

JE SUIS
ENFIIN LÀ,
P'TIT G !

ORDURES.. T'EN FAIS PAS,
CHÉRIE. TOUT VA BIEN
SE PASSER, TIENS BON !

PAS TANT QUE
T'ENVOIES QUELQU'UN POUR
NOTRE FRIC, LE HÉROS !

IIIIIIII PAPA !

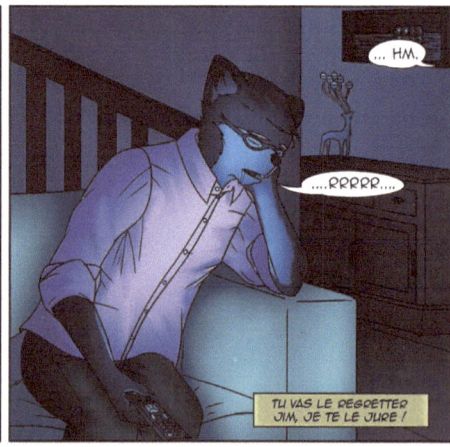

... HM.

....RRRRR....

TU VAS LE REGRETTER
JIM, JE TE LE JURE !

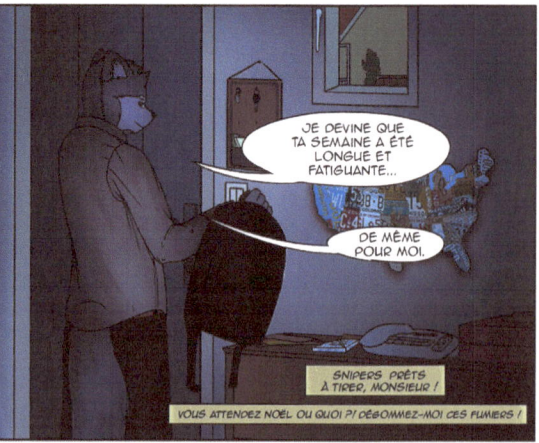

JE DEVINE QUE
TA SEMAINE A ÉTÉ
LONGUE ET
FATIGUANTE...

DE MÊME
POUR MOI.

SNIPERS PRÊTS
À TIRER, MONSIEUR !

VOUS ATTENDEZ NOËL OU QUOI ?! DÉGOMMEZ-MOI CES FUMIERS !

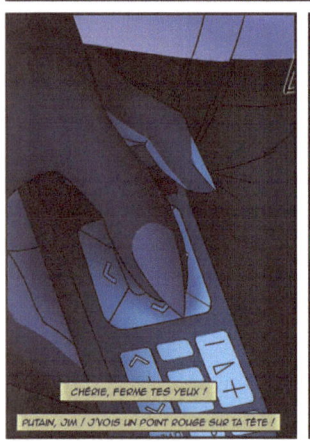

CHÉRIE, FERME TES YEUX !

PUTAIN, JIM ! J'VOIS UN POINT ROUGE SUR TA TÊTE !

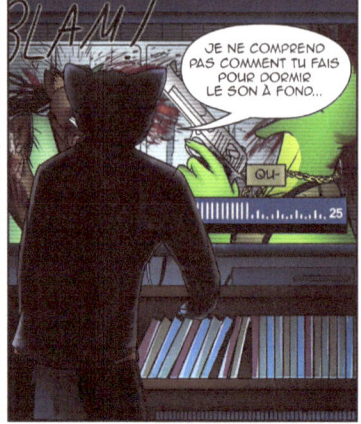

BLAM!

JE NE COMPREND
PAS COMMENT TU FAIS
POUR DORMIR
LE SON À FOND...

QU-

25

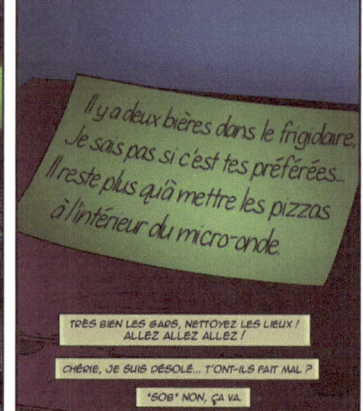

Il y a deux bières dans le frigidaire.
Je sais pas si c'est tes préférées...
Il reste plus qu'à mettre les pizzas
à l'intérieur du micro-onde.

TRÈS BIEN LES GARS, NETTOYEZ LES LIEUX !
ALLEZ ALLEZ ALLEZ !

CHÉRIE, JE SUIS DÉSOLÉ... T'ONT-ILS FAIT MAL ?

"SOB" NON, ÇA VA.

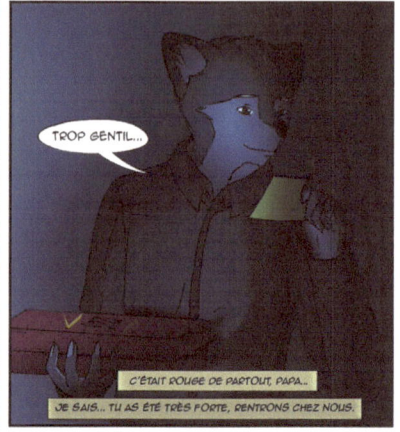

TROP GENTIL...

C'ÉTAIT ROUGE DE PARTOUT, PAPA...

JE SAIS... TU AS ÉTÉ TRÈS FORTE, RENTRONS CHEZ NOUS.

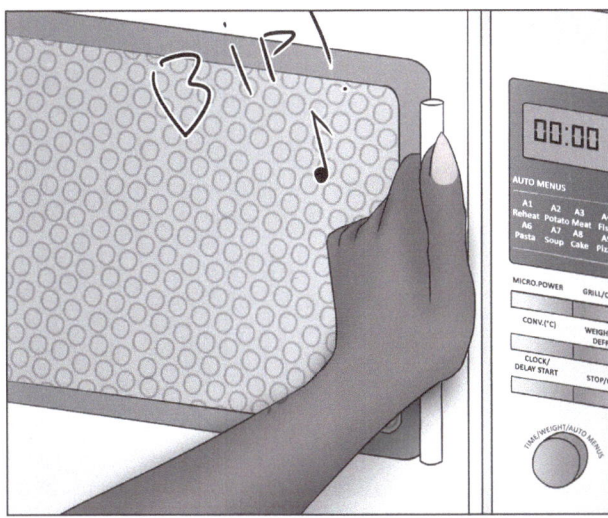

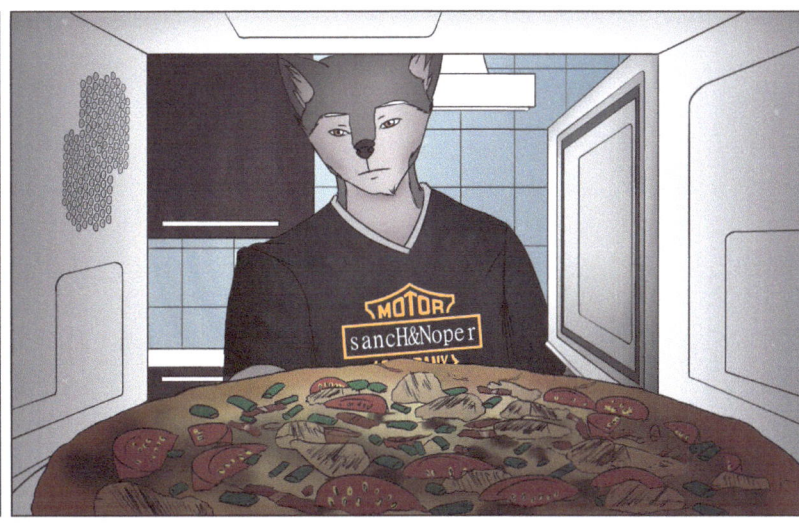

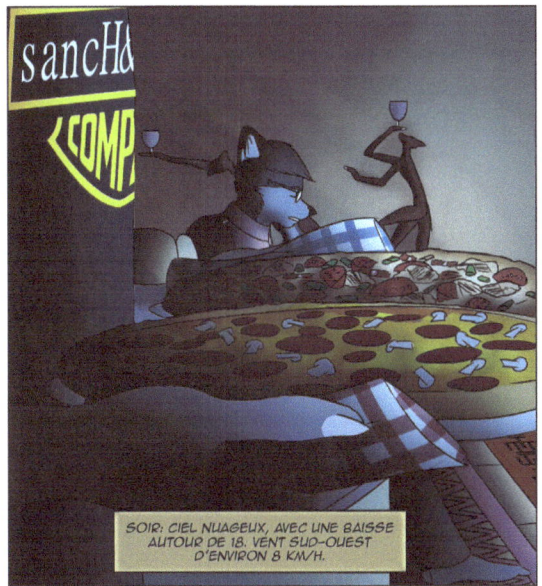

SOIR: CIEL NUAGEUX, AVEC UNE BAISSE AUTOUR DE 18. VENT SUD-OUEST D'ENVIRON 8 KM/H.

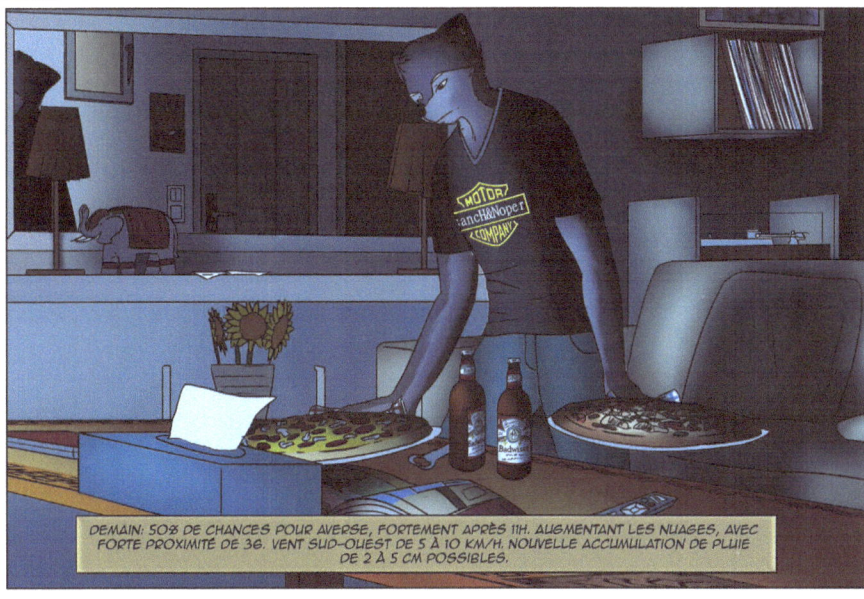

DEMAIN: 50% DE CHANCES POUR AVERSE, FORTEMENT APRÈS 11H. AUGMENTANT LES NUAGES, AVEC FORTE PROXIMITÉ DE 36. VENT SUD-OUEST DE 5 À 10 KM/H. NOUVELLE ACCUMULATION DE PLUIE DE 2 À 5 CM POSSIBLES.

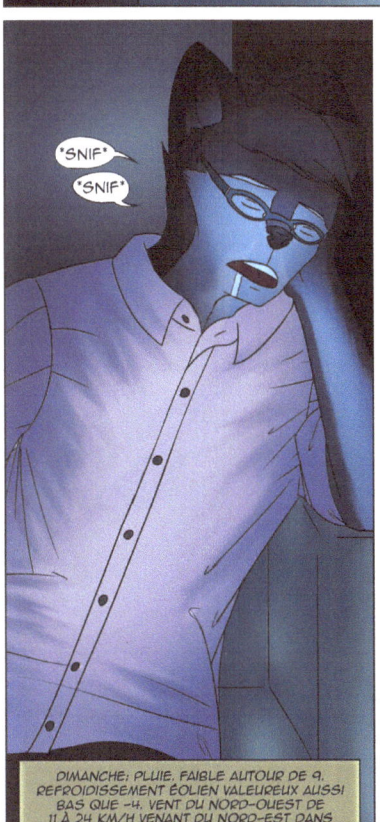

"SNIF"

"SNIF"

DIMANCHE: PLUIE. FAIBLE AUTOUR DE 9. REFROIDISSEMENT ÉOLIEN VALEUREUX AUSSI BAS QUE -4. VENT DU NORD-OUEST DE 11 À 24 KM/H VENANT DU NORD-EST DANS L'APRÈS-MIDI. LES VENTS POURRAIENT RAFALER-

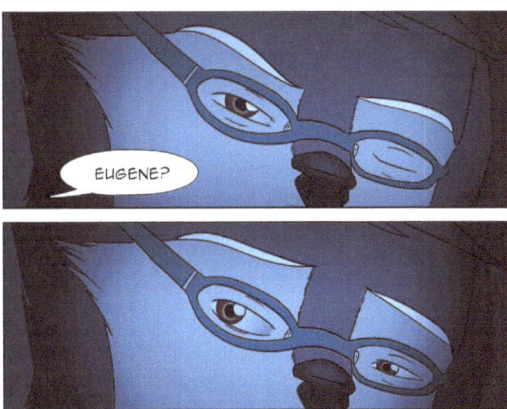

EUGENE?

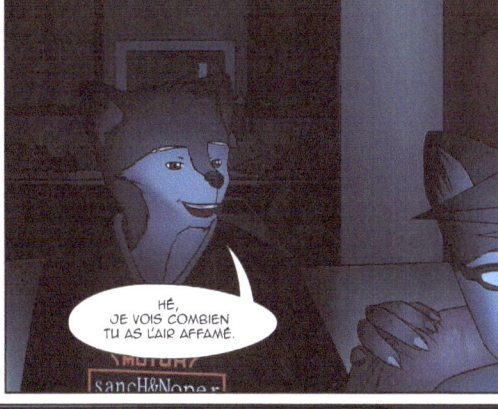

HÉ, JE VOIS COMBIEN TU AS L'AIR AFFAMÉ.

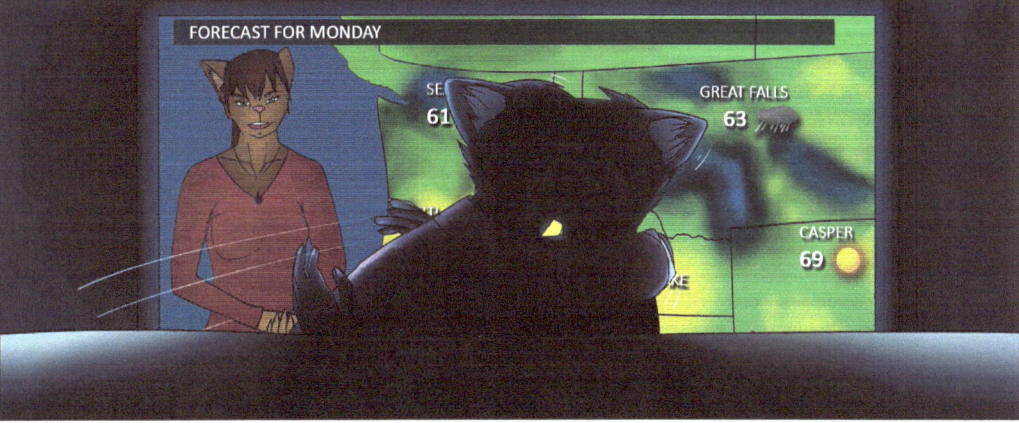

FORECAST FOR MONDAY

GREAT FALLS
63

CASPER
69

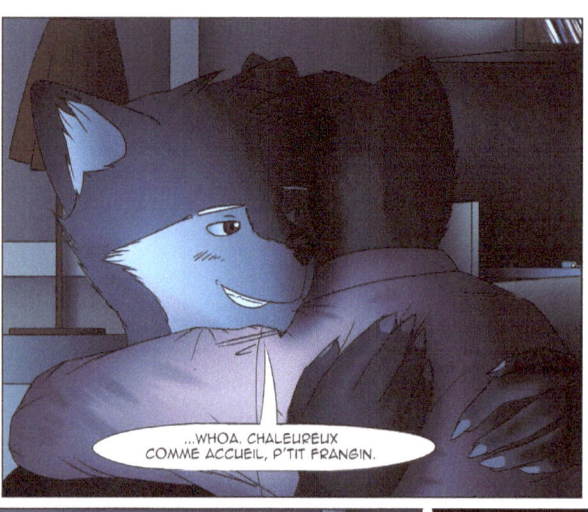

...WHOA. CHALEUREUX COMME ACCUEIL, P'TIT FRANGIN.

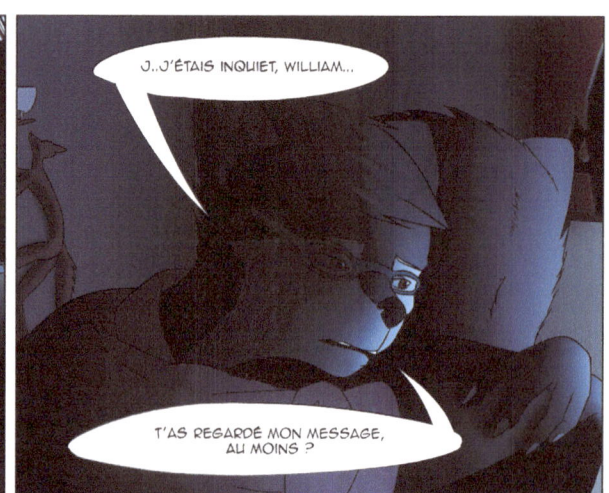

J..J'ÉTAIS INQUIET, WILLIAM...

T'AS REGARDÉ MON MESSAGE, AU MOINS ?

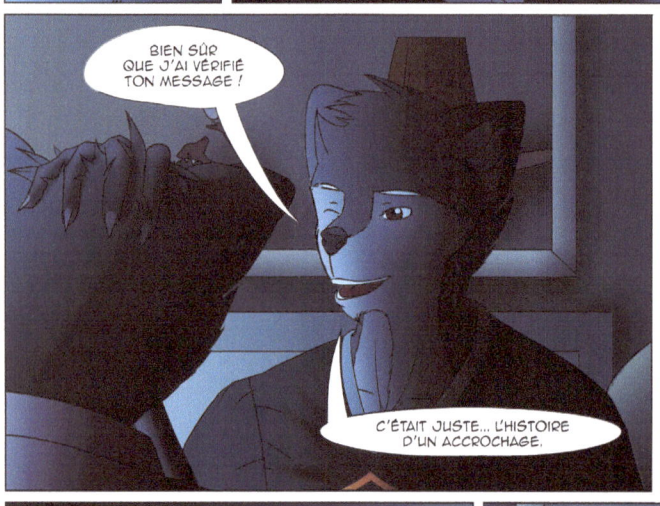

BIEN SÛR QUE J'AI VÉRIFIÉ TON MESSAGE !

C'ÉTAIT JUSTE... L'HISTOIRE D'UN ACCROCHAGE.

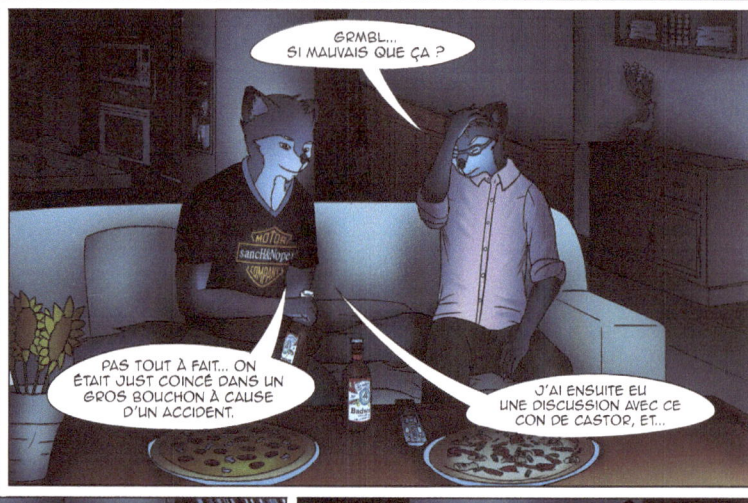

GRMBL... SI MAUVAIS QUE ÇA ?

PAS TOUT À FAIT... ON ÉTAIT JUST COINCÉ DANS UN GROS BOUCHON À CAUSE D'UN ACCIDENT.

J'AI ENSUITE EU UNE DISCUSSION AVEC CE CON DE CASTOR, ET...

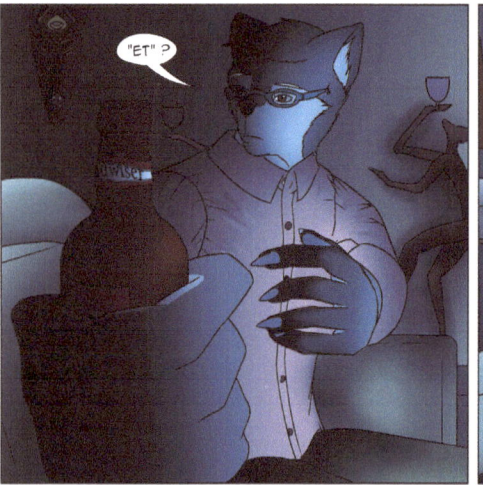

"ET" ?

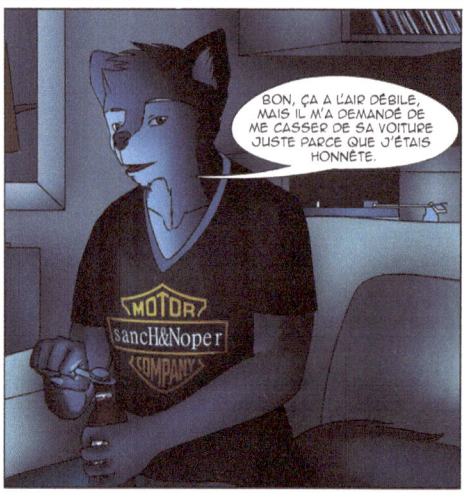

BON, ÇA A L'AIR DÉBILE, MAIS IL M'A DEMANDÉ DE ME CASSER DE SA VOITURE JUSTE PARCE QUE J'ÉTAIS HONNÊTE.

EH BEH... IL Y EN A D'AUTRE COMME ÇA QUI TE METTENT DEHORS, HABITUELLEMENT ?

HAHAHA !

DÉCONNE PAS AVEC ÇA. JE PENSE QUE JE REVIENDRAI TOUT LE TEMPS À PIED AVEC CETTE ATTITUDE !

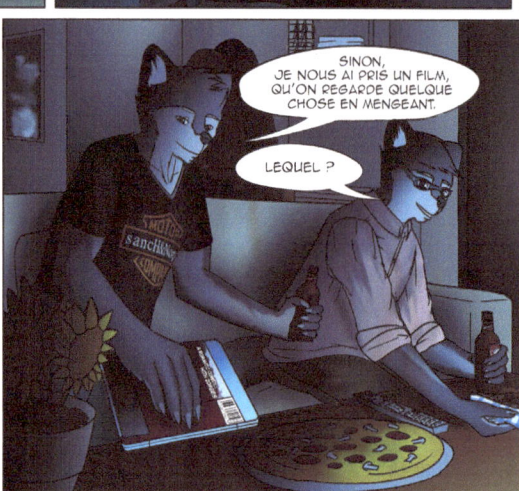
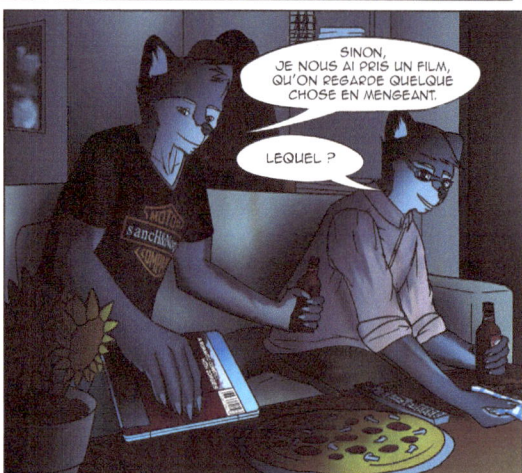

SINON, JE NOUS AI PRIS UN FILM, QU'ON REGARDE QUELQUE CHOSE EN MANGEANT.

LEQUEL ?

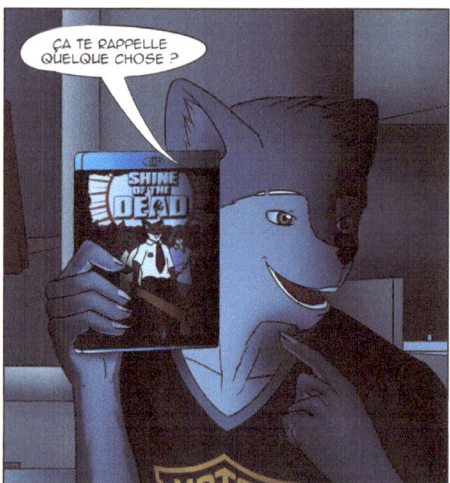

ÇA TE RAPPELLE QUELQUE CHOSE ?

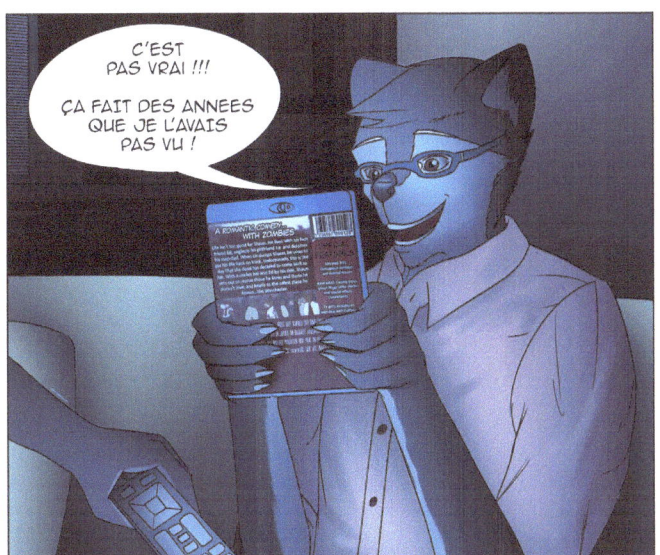

C'EST PAS VRAI !!!

ÇA FAIT DES ANNEES QUE JE L'AVAIS PAS VU !

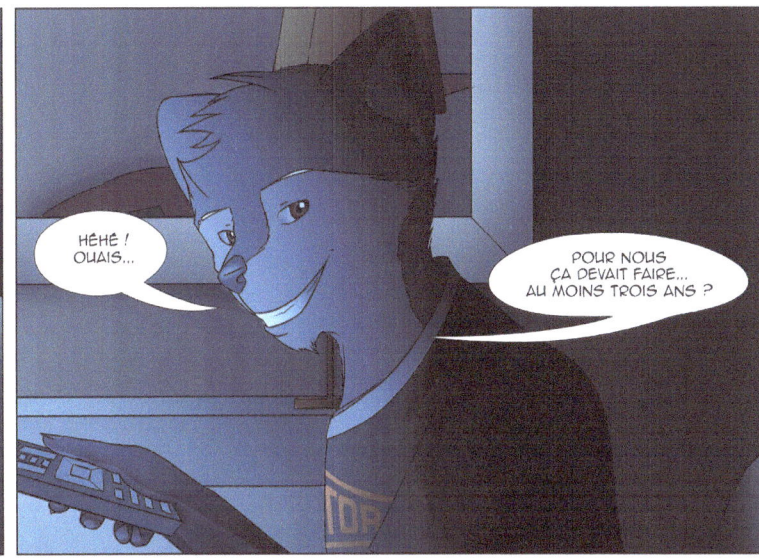

HÉHÉ ! OUAIS...

POUR NOUS ÇA DEVAIT FAIRE... AU MOINS TROIS ANS ?

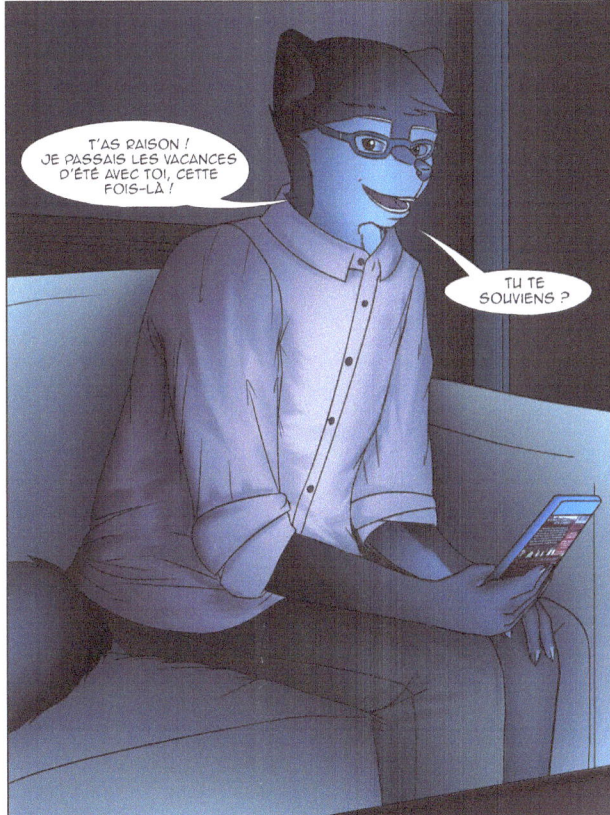

T'AS RAISON ! JE PASSAIS LES VACANCES D'ÉTÉ AVEC TOI, CETTE FOIS-LÀ !

TU TE SOUVIENS ?

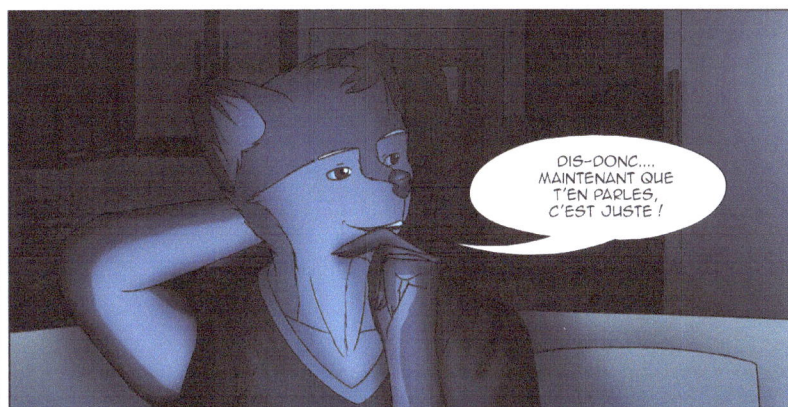

DIS-DONC.... MAINTENANT QUE T'EN PARLES, C'EST JUSTE !

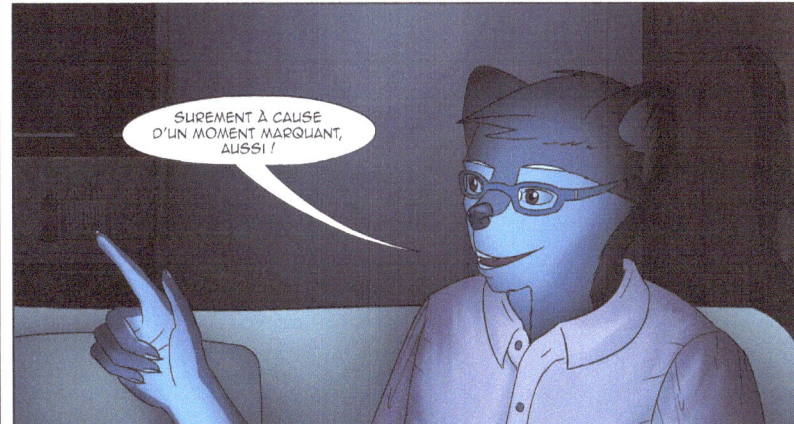

SUREMENT À CAUSE D'UN MOMENT MARQUANT, AUSSI !

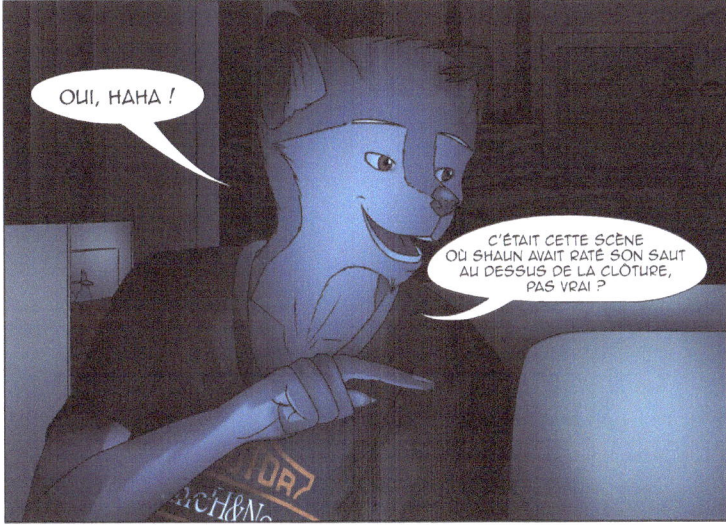

OUI, HAHA !

C'ÉTAIT CETTE SCÈNE OÙ SHAUN AVAIT RATÉ SON SAUT AU DESSUS DE LA CLÔTURE, PAS VRAI ?

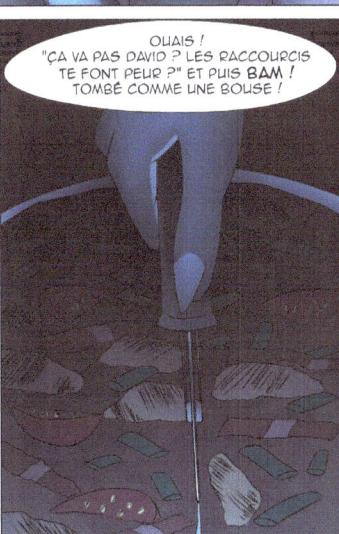

OUAIS ! "ÇA VA PAS DAVID ? LES RACCOURCIS TE FONT PEUR ?" ET PUIS **BAM !** TOMBÉ COMME UNE BOUSE !

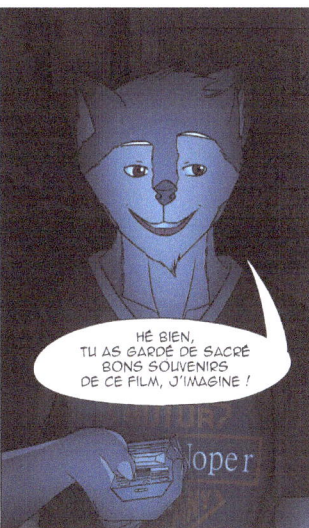

HÉ BIEN, TU AS GARDÉ DE SACRÉ BONS SOUVENIRS DE CE FILM, J'IMAGINE !

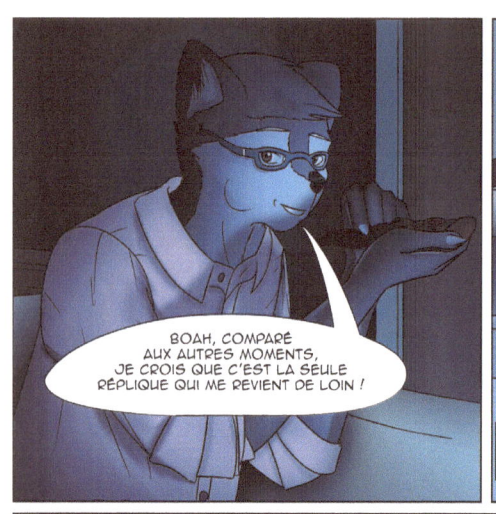

BOAH, COMPARÉ AUX AUTRES MOMENTS, JE CROIS QUE C'EST LA SEULE RÉPLIQUE QUI ME REVIENT DE LOIN !

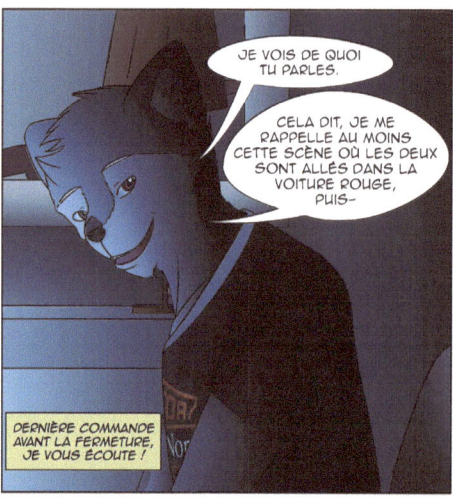

JE VOIS DE QUOI TU PARLES.

CELA DIT, JE ME RAPPELLE AU MOINS CETTE SCÈNE OÙ LES DEUX SONT ALLÉS DANS LA VOITURE ROUGE, PUIS-

DERNIÈRE COMMANDE AVANT LA FERMETURE, JE VOUS ÉCOUTE !

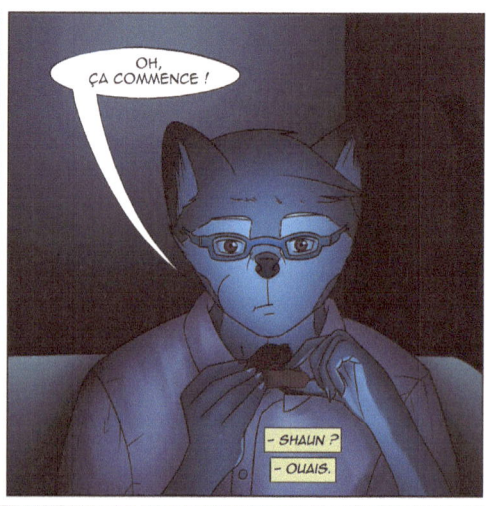

OH, ÇA COMMENCE !

- SHAUN ?
- OUAIS.

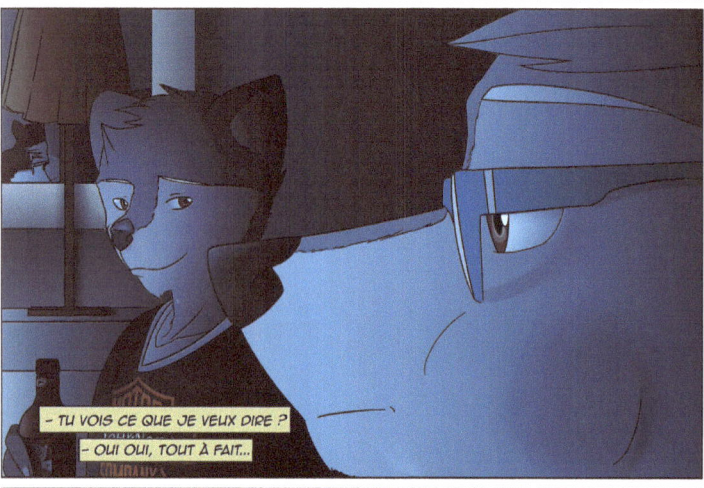

- TU VOIS CE QUE JE VEUX DIRE ?
- OUI OUI, TOUT À FAIT...

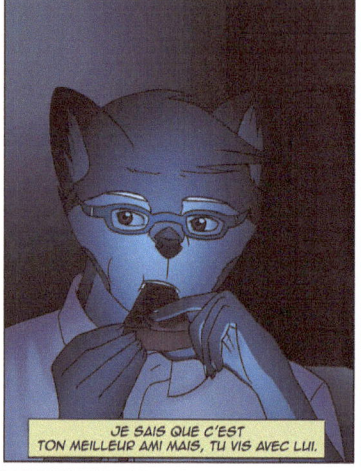

JE SAIS QUE C'EST TON MEILLEUR AMI MAIS, TU VIS AVEC LUI.

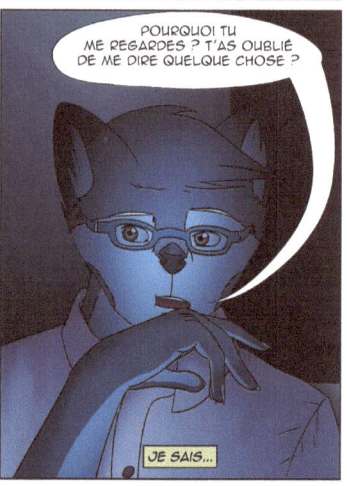

POURQUOI TU ME REGARDES ? T'AS OUBLIÉ DE ME DIRE QUELQUE CHOSE ?

JE SAIS...

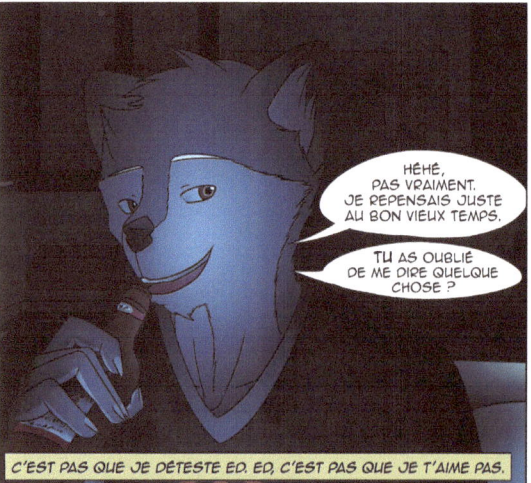

HÉHÉ, PAS VRAIMENT. JE REPENSAIS JUSTE AU BON VIEUX TEMPS.

TU AS OUBLIÉ DE ME DIRE QUELQUE CHOSE ?

C'EST PAS QUE JE DÉTESTE ED. ED, C'EST PAS QUE JE T'AIME PAS.

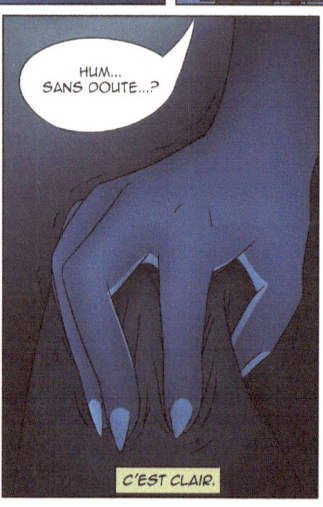

HUM... SANS DOUTE...?

C'EST CLAIR.

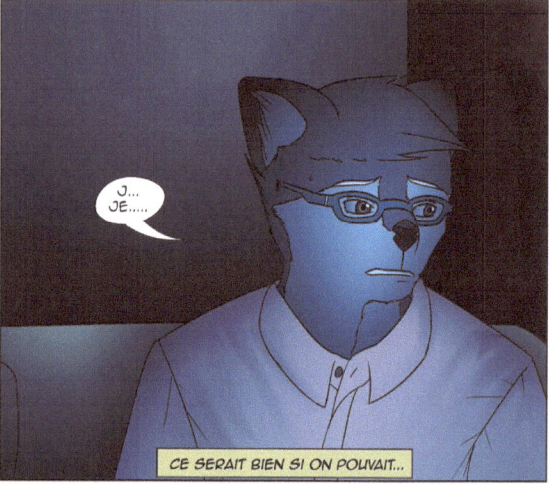

J... JE.....

CE SERAIT BIEN SI ON POUVAIT...

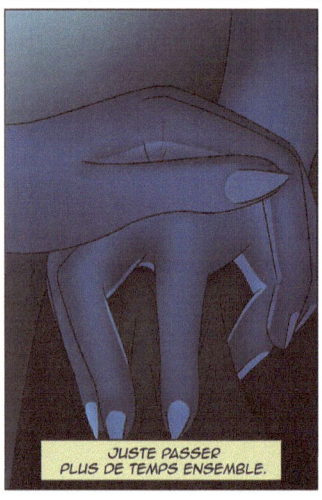

JUSTE PASSER PLUS DE TEMPS ENSEMBLE.

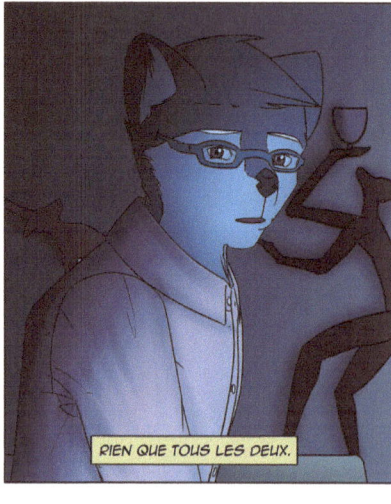

RIEN QUE TOUS LES DEUX.

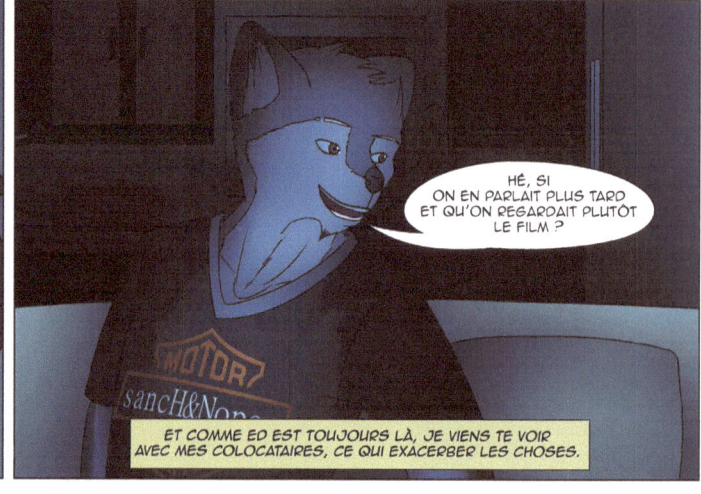

HÉ, SI ON EN PARLAIT PLUS TARD ET QU'ON REGARDAIT PLUTÔT LE FILM ?

ET COMME ED EST TOUJOURS LÀ, JE VIENS TE VOIR AVEC MES COLOCATAIRES, CE QUI EXACERBER LES CHOSES.

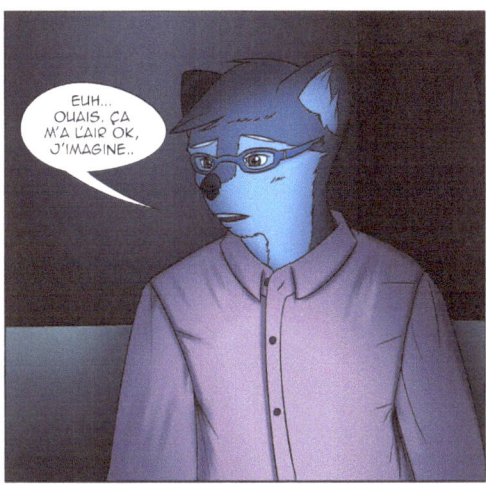

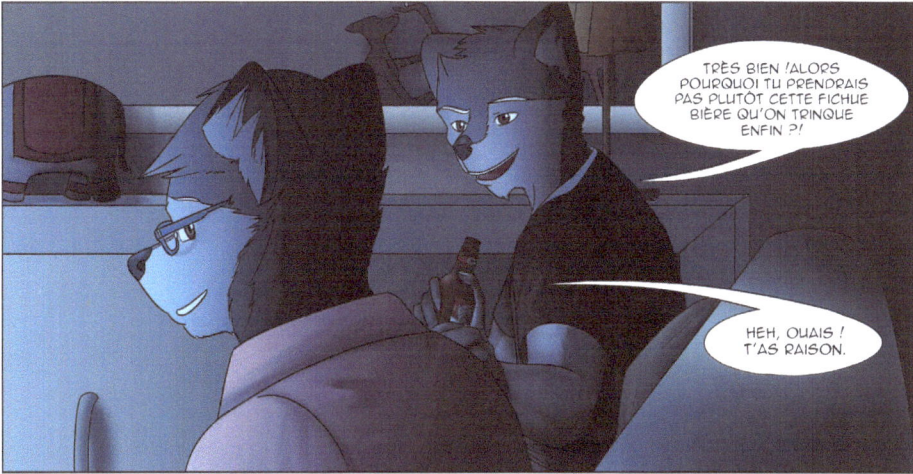

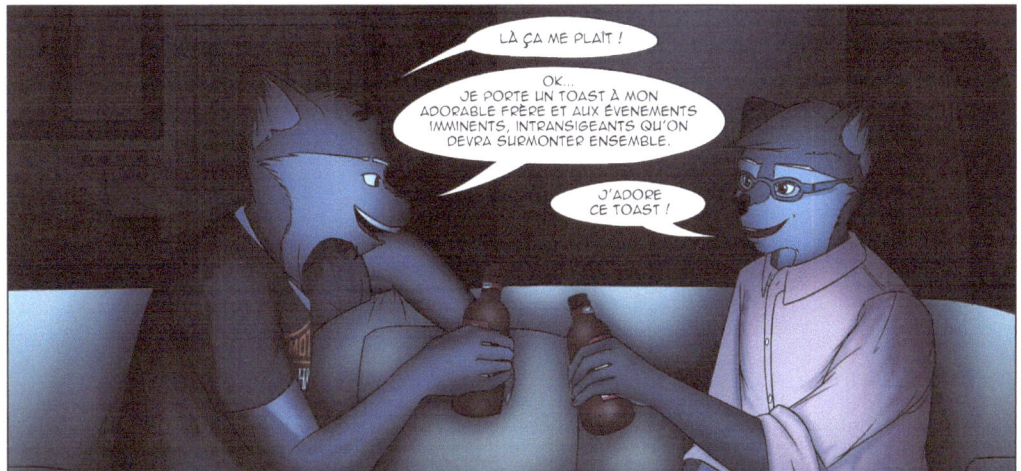

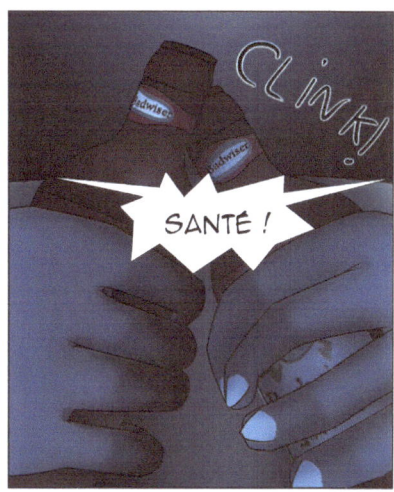

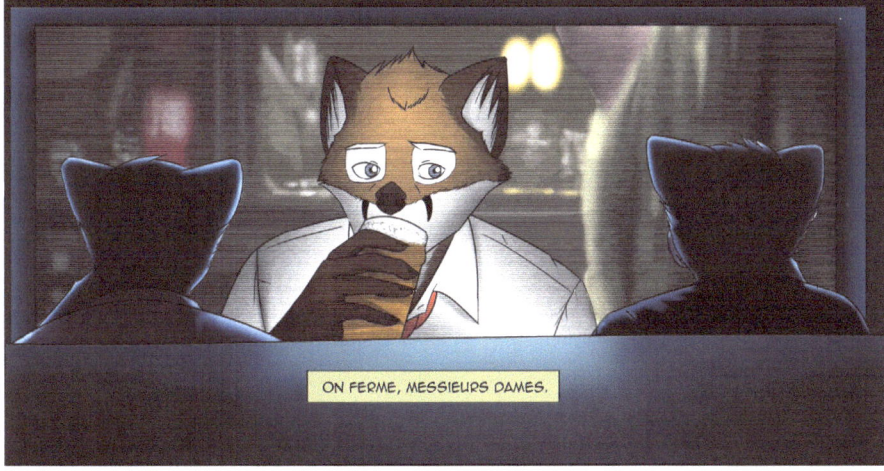

On ferme, messieurs dames.

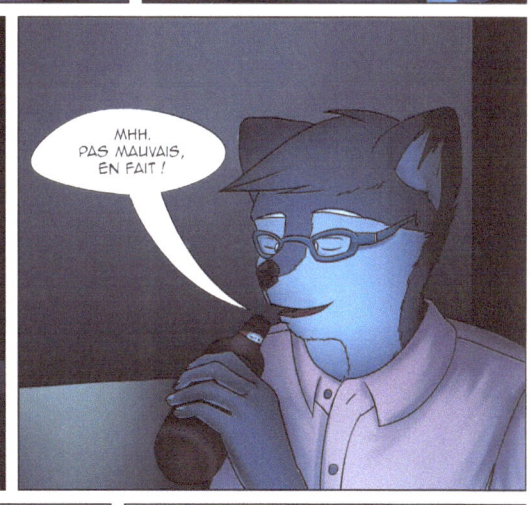

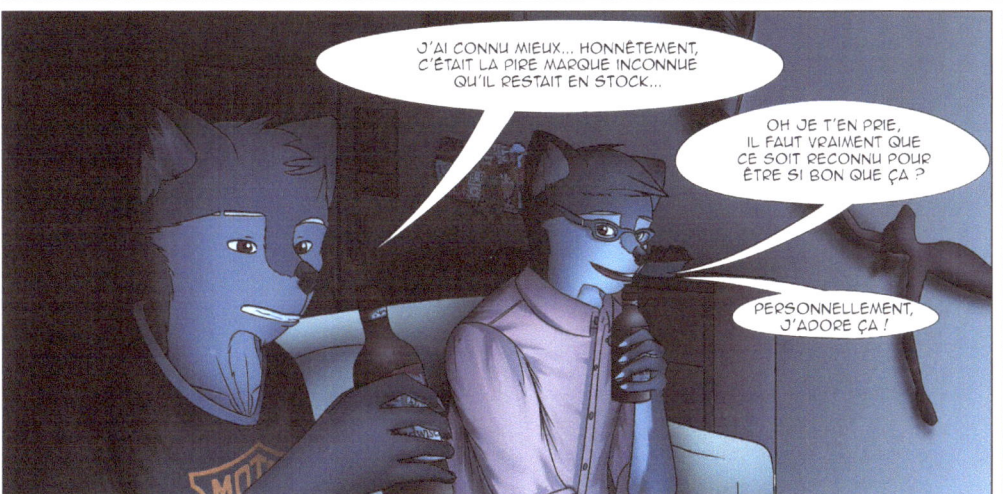

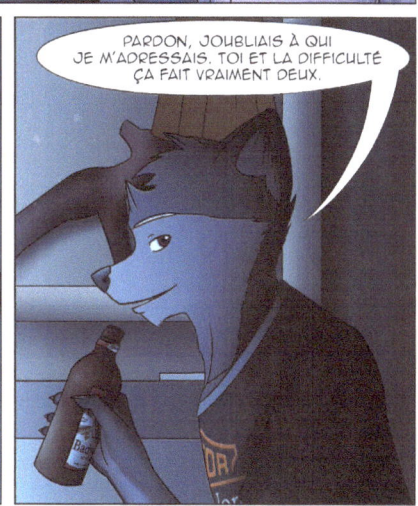

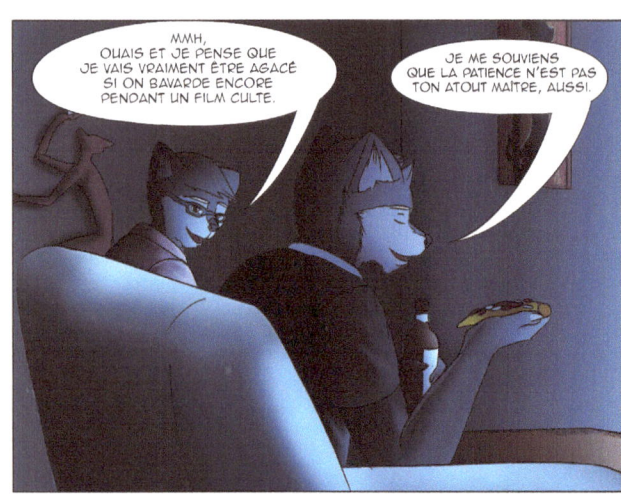

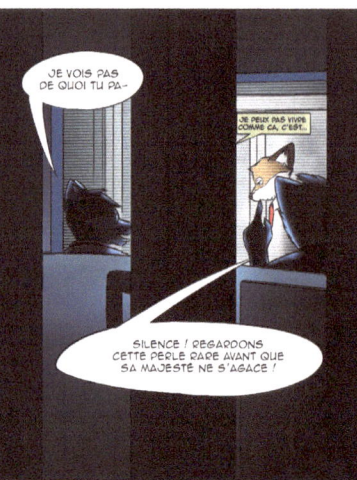

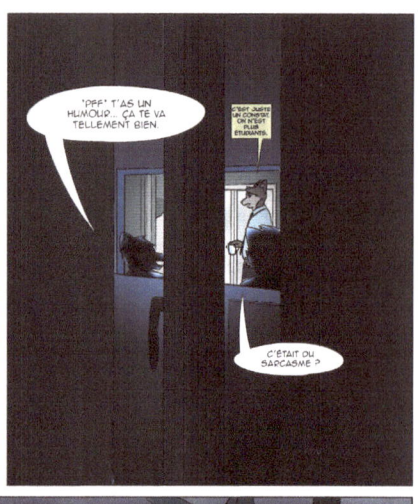

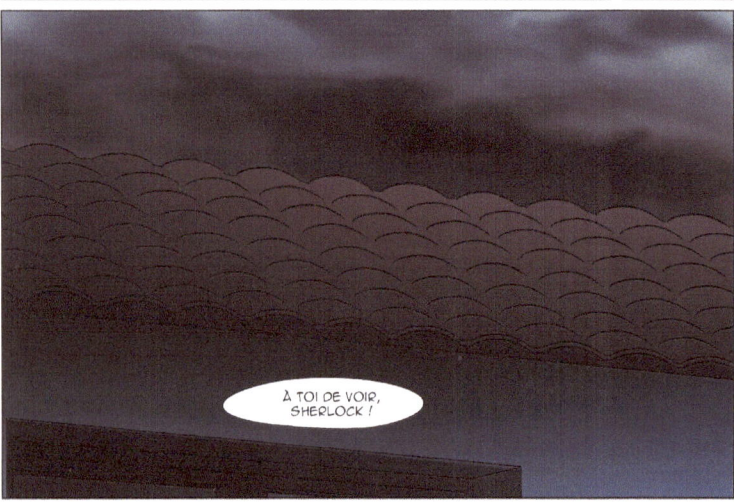

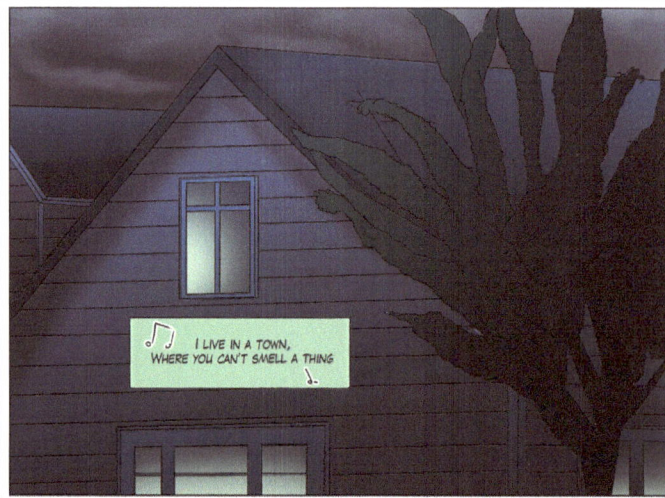

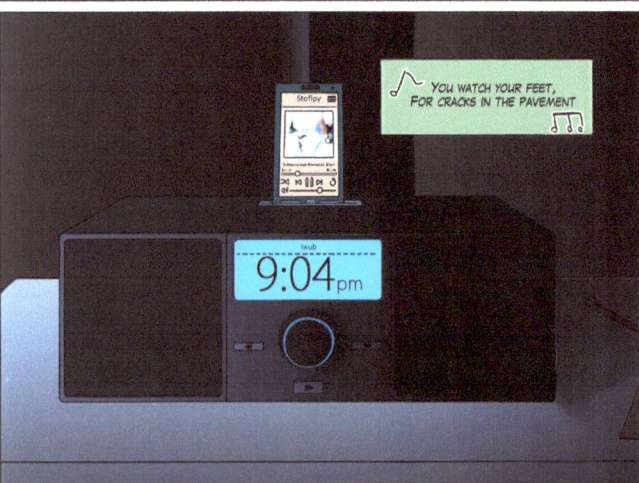

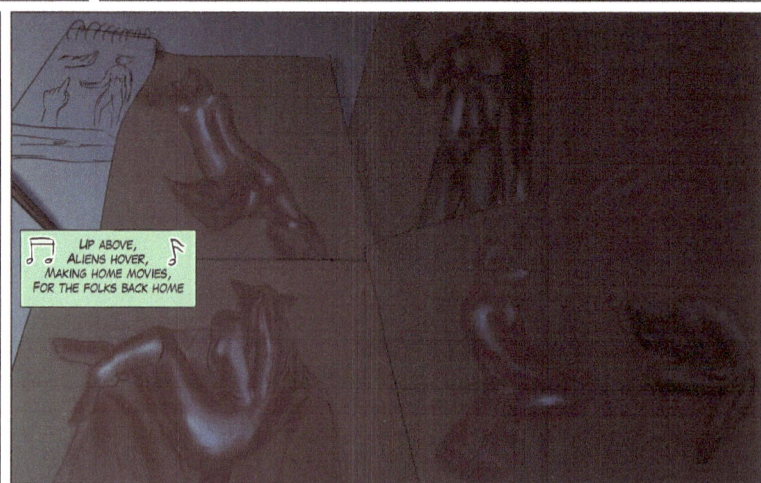

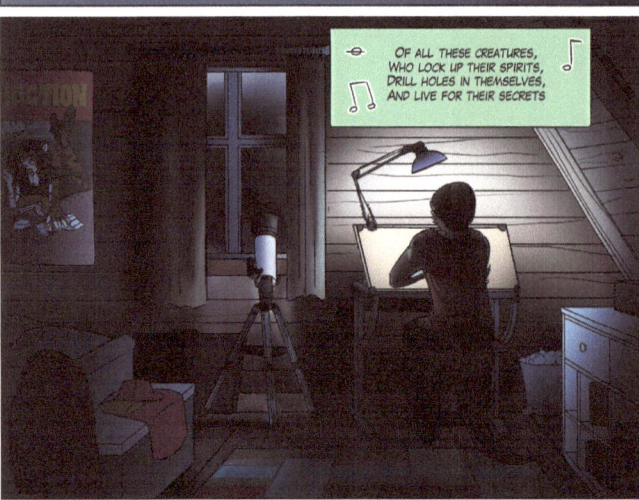

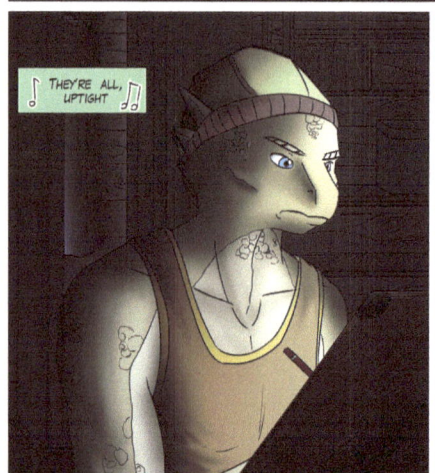

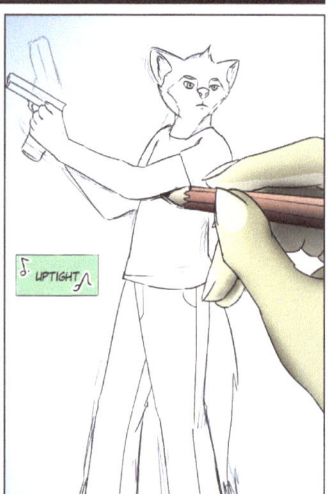

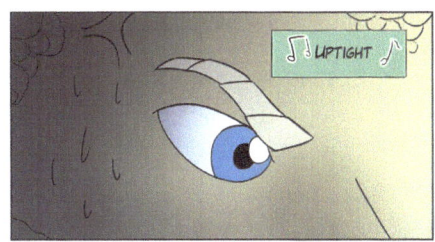

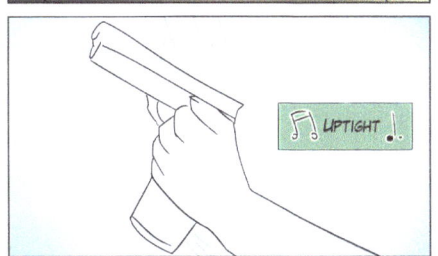

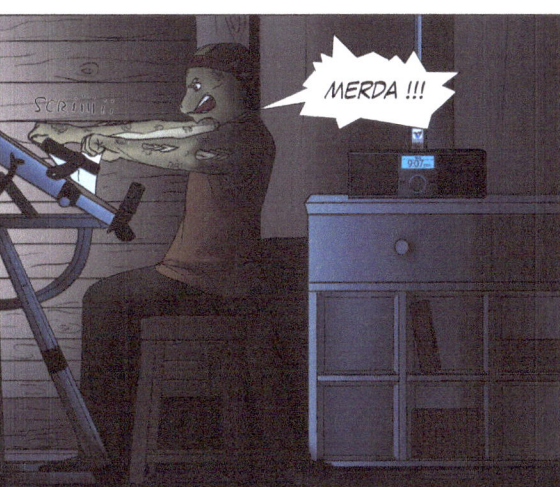

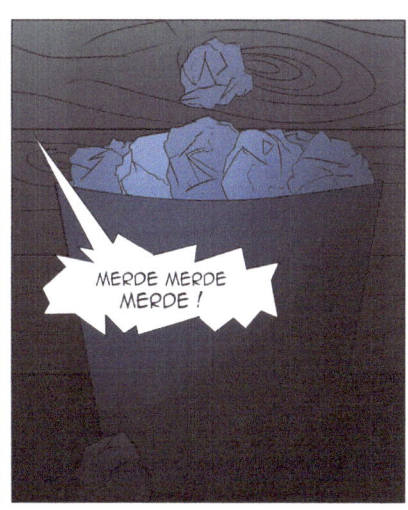

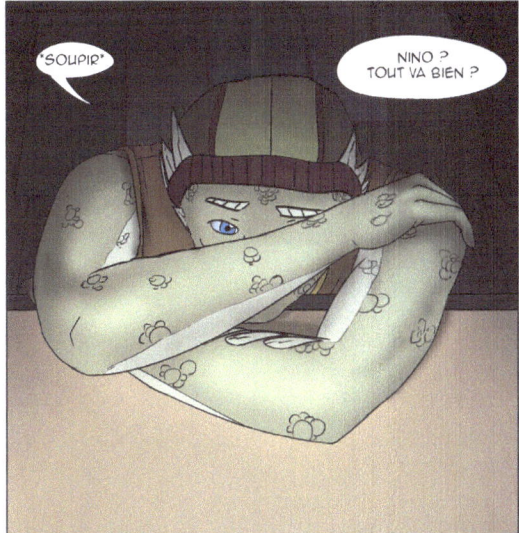

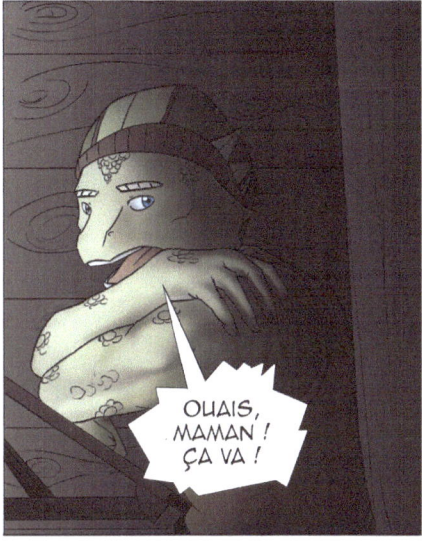

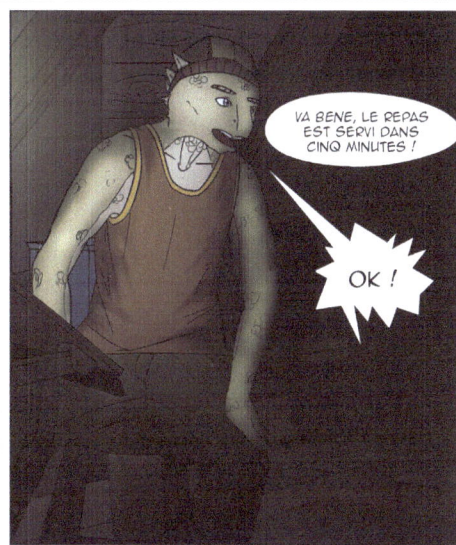

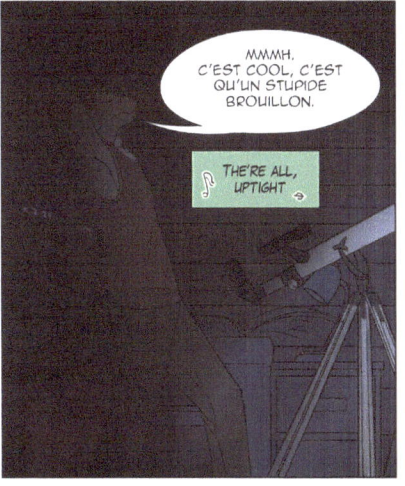

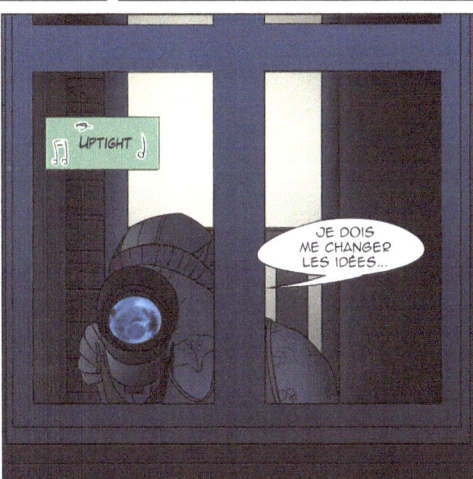

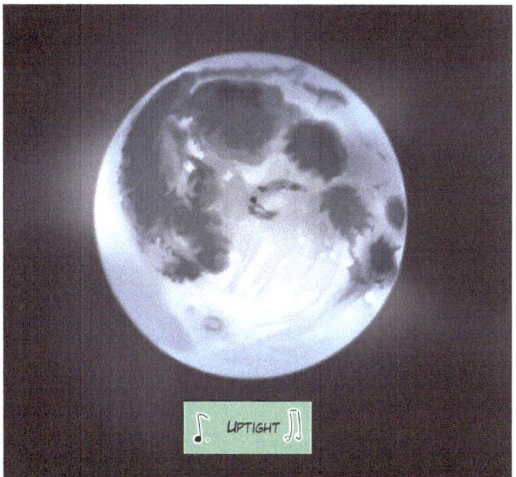

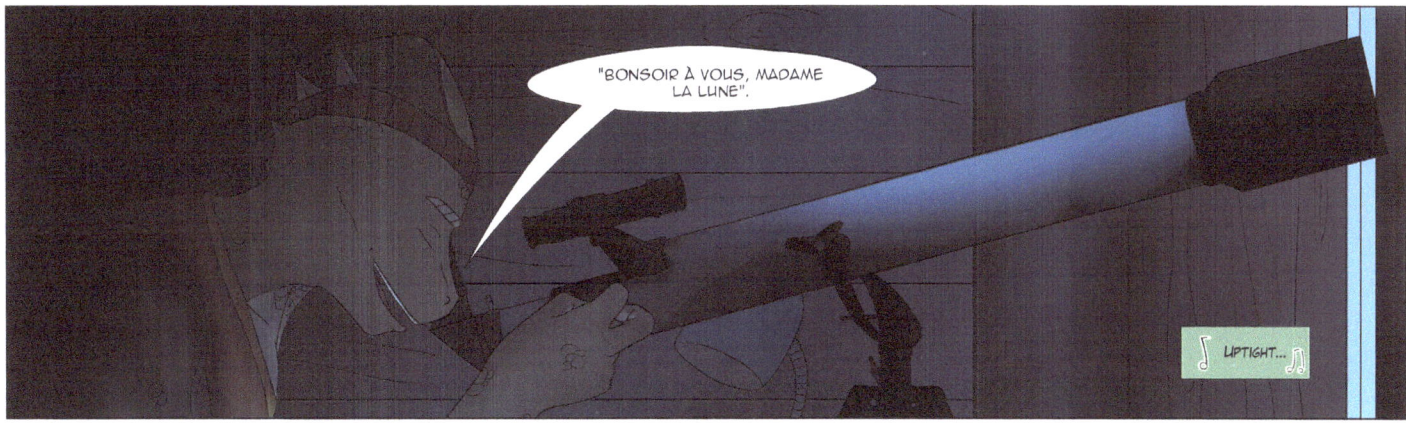

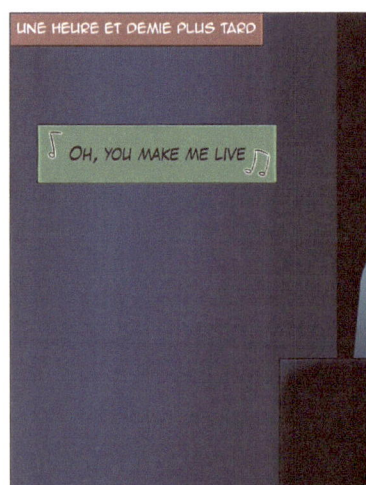

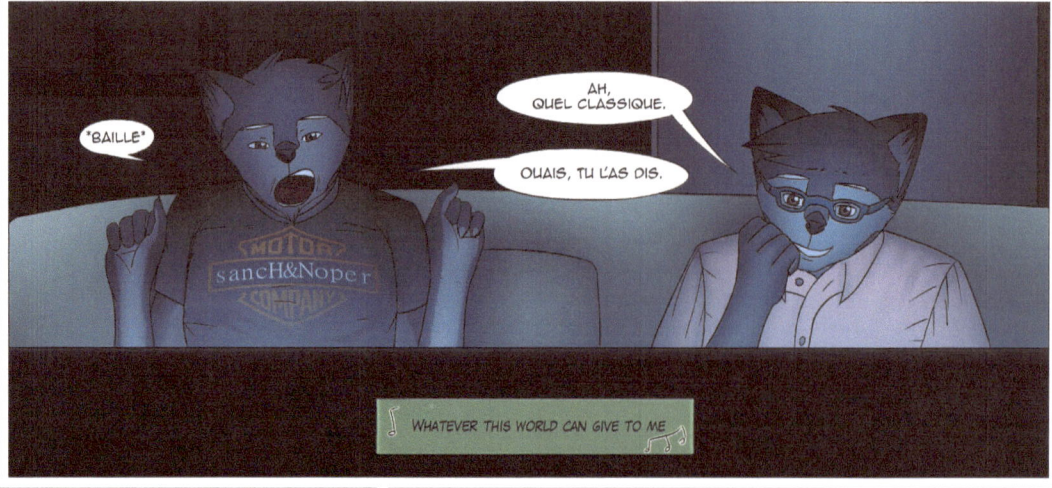

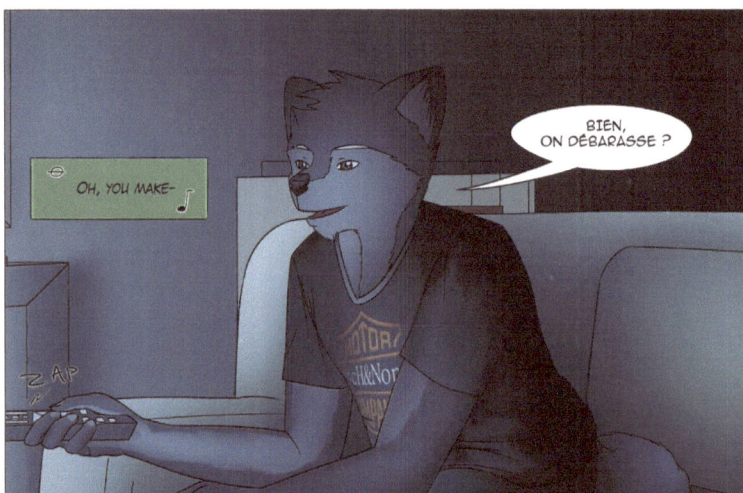

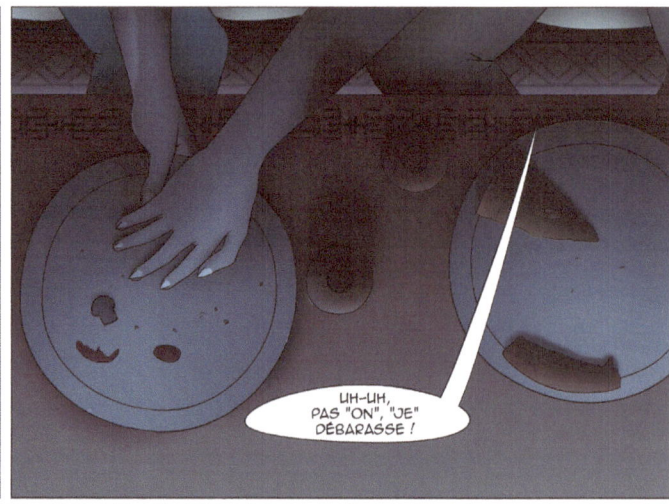

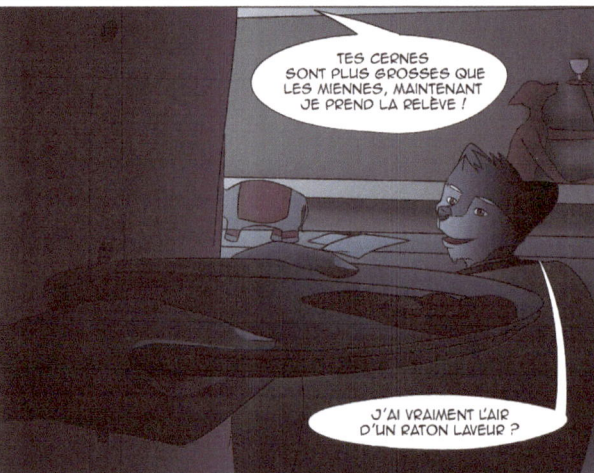

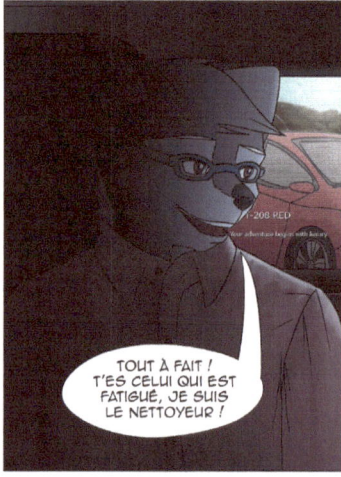

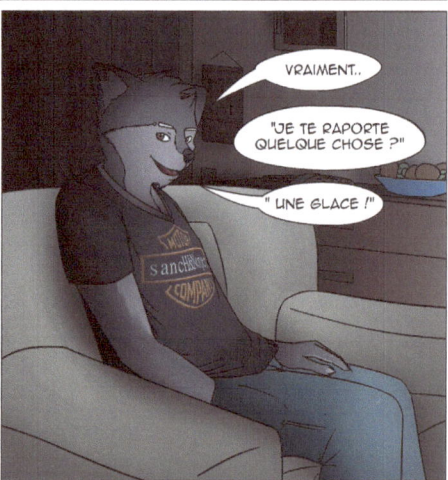

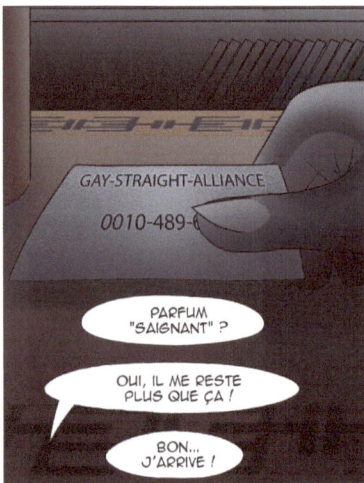

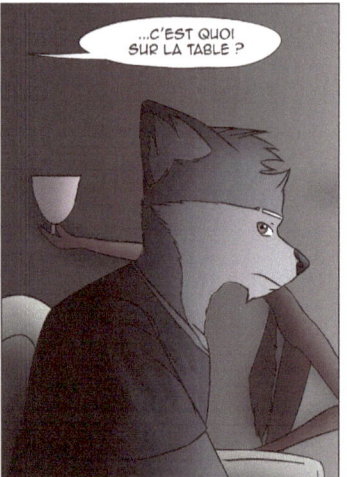

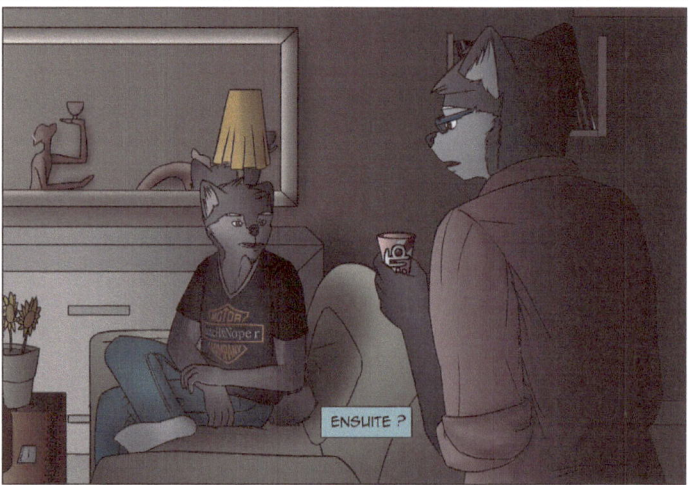

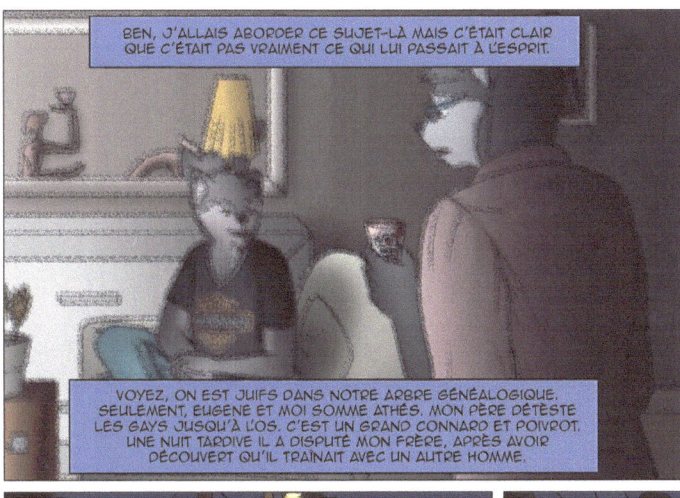

BEN, J'ALLAIS ABORDER CE SUJET-LÀ MAIS C'ÉTAIT CLAIR QUE C'ÉTAIT PAS VRAIMENT CE QUI LUI PASSAIT À L'ESPRIT.

VOYEZ, ON EST JUIFS DANS NOTRE ARBRE GÉNÉALOGIQUE. SEULEMENT, EUGENE ET MOI SOMME ATHÉS. MON PÈRE DÉTESTE LES GAYS JUSQU'À L'OS. C'EST UN GRAND CONNARD ET POIVROT. UNE NUIT TARDIVE IL A DISPUTÉ MON FRÈRE, APRÈS AVOIR DÉCOUVERT QU'IL TRAINAIT AVEC UN AUTRE HOMME.

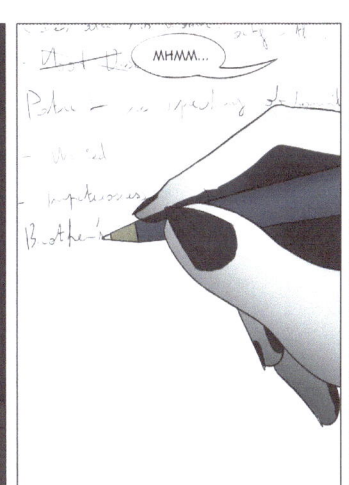

MHMM...

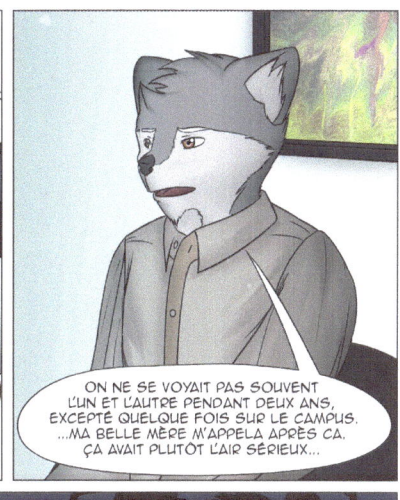

ON NE SE VOYAIT PAS SOUVENT L'UN ET L'AUTRE PENDANT DEUX ANS, EXCEPTÉ QUELQUE FOIS SUR LE CAMPUS. ...MA BELLE MÈRE M'APPELA APRÈS CA. ÇA AVAIT PLUTÔT L'AIR SÉRIEUX...

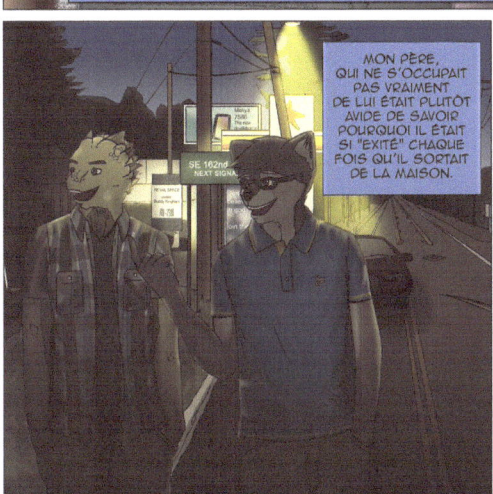

MON PÈRE, QUI NE S'OCCUPAIT PAS VRAIMENT DE LUI ÉTAIT PLUTÔT AVIDE DE SAVOIR POURQUOI IL ÉTAIT SI "EXITÉ" CHAQUE FOIS QU'IL SORTAIT DE LA MAISON.

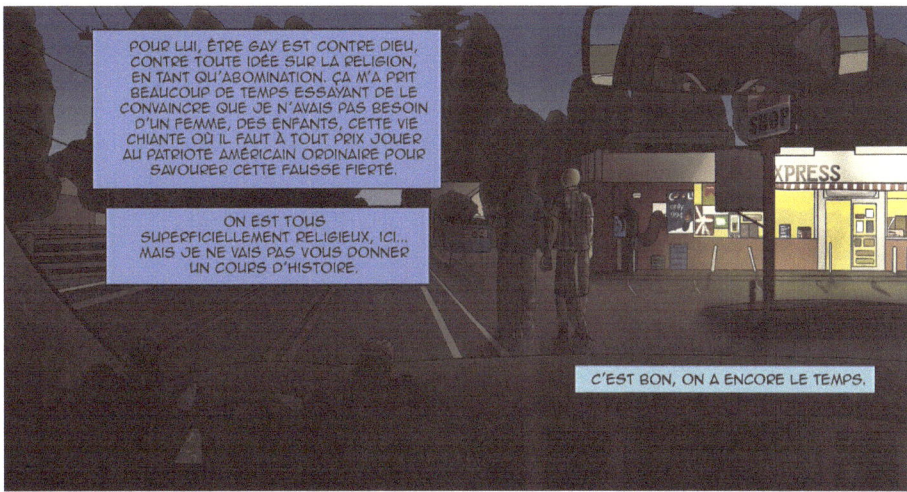

POUR LUI, ÊTRE GAY EST CONTRE DIEU, CONTRE TOUTE IDÉE SUR LA RELIGION, EN TANT QU'ABOMINATION. ÇA M'A PRIT BEAUCOUP DE TEMPS ESSAYANT DE LE CONVAINCRE QUE JE N'AVAIS PAS BESOIN D'UN FEMME, DES ENFANTS, CETTE VIE CHIANTE OÙ IL FAUT À TOUT PRIX JOUER AU PATRIOTE AMÉRICAIN ORDINAIRE POUR SAVOURER CETTE FAUSSE FIERTÉ.

ON EST TOUS SUPERFICIELLEMENT RELIGIEUX, ICI... MAIS JE NE VAIS PAS VOUS DONNER UN COURS D'HISTOIRE.

C'EST BON, ON A ENCORE LE TEMPS.

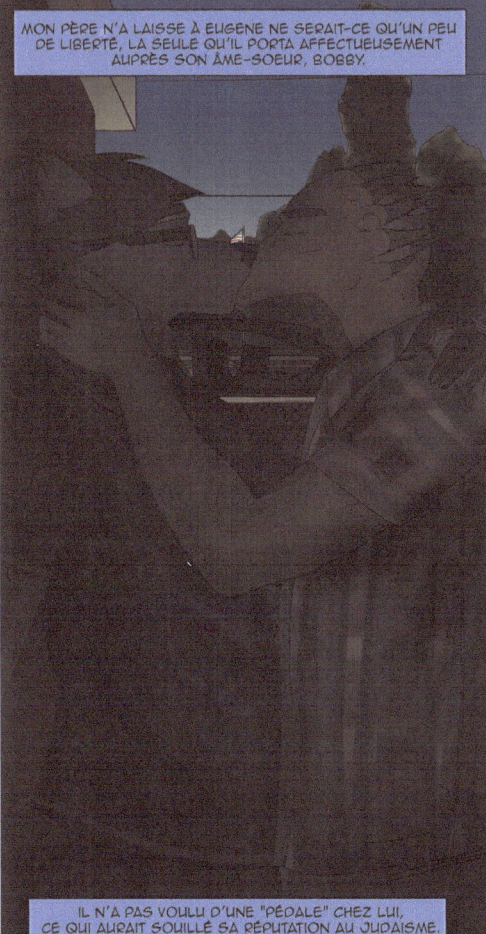

MON PÈRE N'A LAISSÉ À EUGENE NE SERAIT-CE QU'UN PEU DE LIBERTÉ, LA SEULE QU'IL PORTA AFFECTUEUSEMENT AUPRÈS SON ÂME-SOEUR, BOBBY.

IL N'A PAS VOULU D'UNE "PÉDALE" CHEZ LUI, CE QUI AURAIT SOUILLÉ SA RÉPUTATION AU JUDAISME.

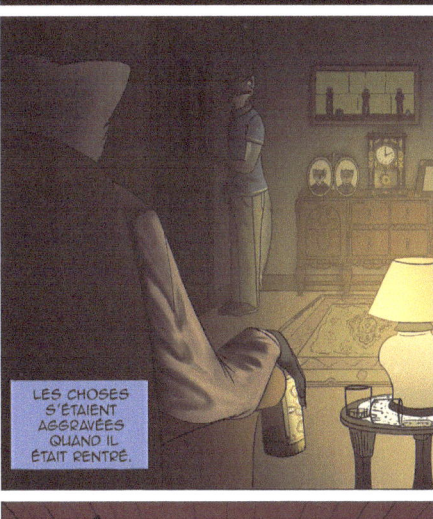

LES CHOSES S'ÉTAIENT AGGRAVÉES QUAND IL ÉTAIT RENTRÉ.

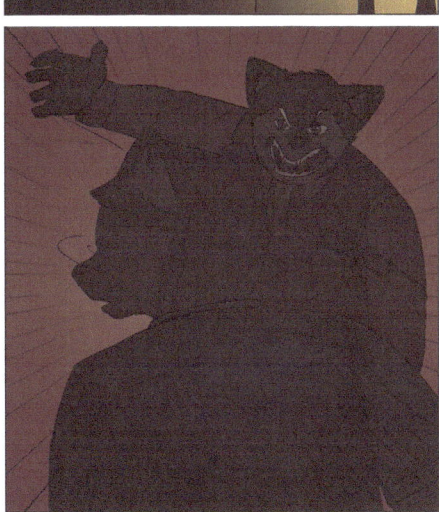

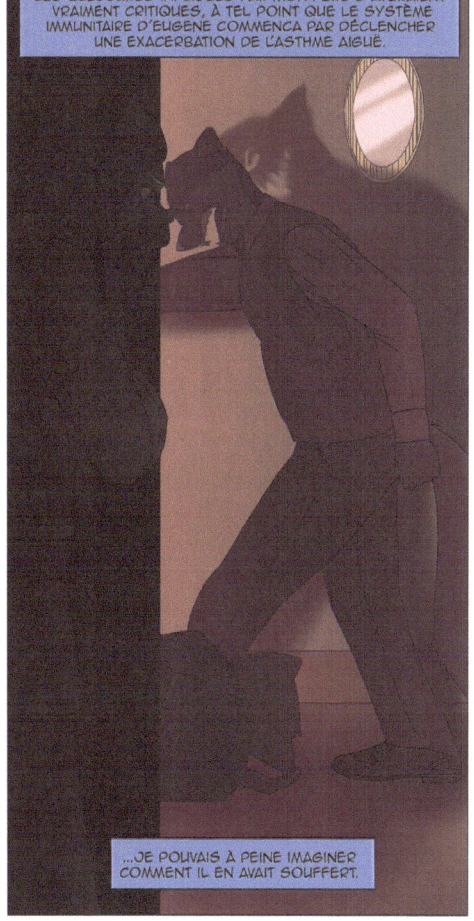

ELLE M'A DIT COMMENT ÇA S'ÉTAIT VRAIMENT PASSÉ... LES BLESSURES INFLIGÉES PAR MON PÈRE S'AVÉRAIENT VRAIMENT CRITIQUES, À TEL POINT QUE LE SYSTÈME IMMUNITAIRE D'EUGENE COMMENCA PAR DÉCLENCHER UNE EXACERBATION DE L'ASTHME AIGUË.

...JE POUVAIS À PEINE IMAGINER COMMENT IL EN AVAIT SOUFFERT.

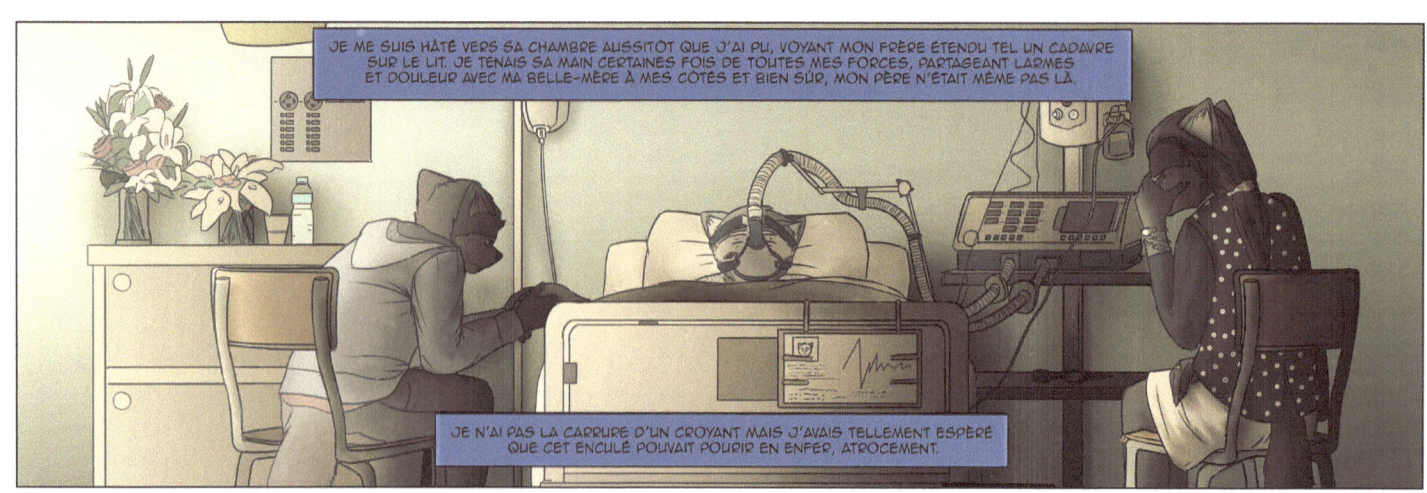

JE ME SUIS HÂTÉ VERS SA CHAMBRE AUSSITÔT QUE J'AI PU, VOYANT MON FRÈRE ÉTENDU TEL UN CADAVRE SUR LE LIT. JE TENAIS SA MAIN CERTAINES FOIS DE TOUTES MES FORCES, PARTAGEANT LARMES ET DOULEUR AVEC MA BELLE-MÈRE À MES CÔTÉS ET BIEN SÛR, MON PÈRE N'ÉTAIT MÊME PAS LÀ.

JE N'AI PAS LA CARRURE D'UN CROYANT MAIS J'AVAIS TELLEMENT ESPÉRÉ QUE CET ENCULÉ POUVAIT POURIR EN ENFER, ATROCEMENT.

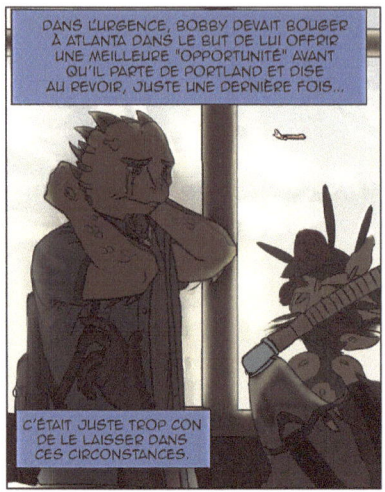

DANS L'URGENCE, BOBBY DEVAIT BOUGER À ATLANTA DANS LE BUT DE LUI OFFRIR UNE MEILLEURE "OPPORTUNITÉ" AVANT QU'IL PARTE DE PORTLAND ET DISE AU REVOIR, JUSTE UNE DERNIÈRE FOIS...

C'ÉTAIT JUSTE TROP CON DE LE LAISSER DANS CES CIRCONSTANCES.

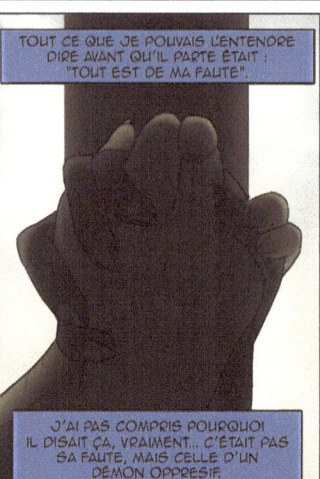

TOUT CE QUE JE POUVAIS L'ENTENDRE DIRE AVANT QU'IL PARTE ÉTAIT : "TOUT EST DE MA FAUTE".

J'AI PAS COMPRIS POURQUOI IL DISAIT ÇA, VRAIMENT... C'ÉTAIT PAS SA FAUTE, MAIS CELLE D'UN DÉMON OPPRESIF.

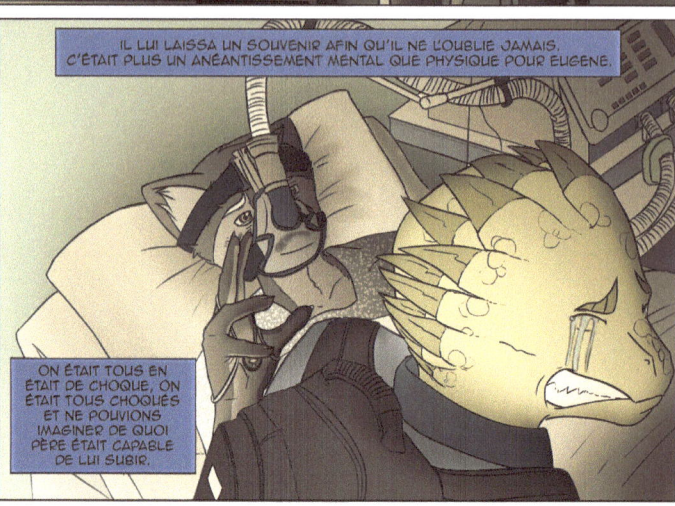

IL LUI LAISSA UN SOUVENIR AFIN QU'IL NE L'OUBLIE JAMAIS. C'ÉTAIT PLUS UN ANÉANTISSEMENT MENTAL QUE PHYSIQUE POUR EUGENE.

ON ÉTAIT TOUS EN ÉTAT DE CHOQUE, ON ÉTAIT TOUS CHOQUÉS ET NE POUVIONS IMAGINER DE QUOI PÈRE ÉTAIT CAPABLE DE LUI SUBIR.

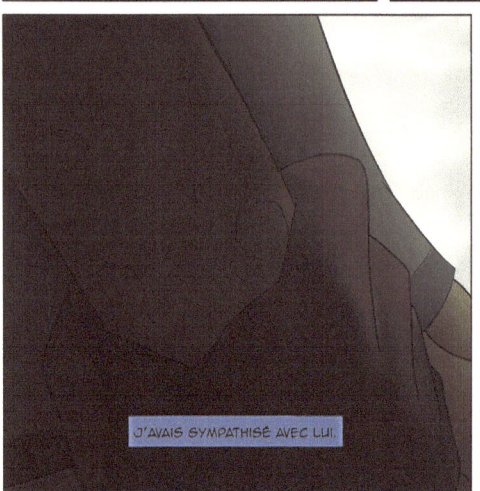

J'AVAIS SYMPATHISÉ AVEC LUI.

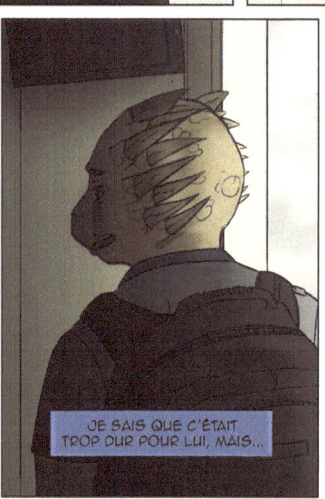

JE SAIS QUE C'ÉTAIT TROP DUR POUR LUI, MAIS...

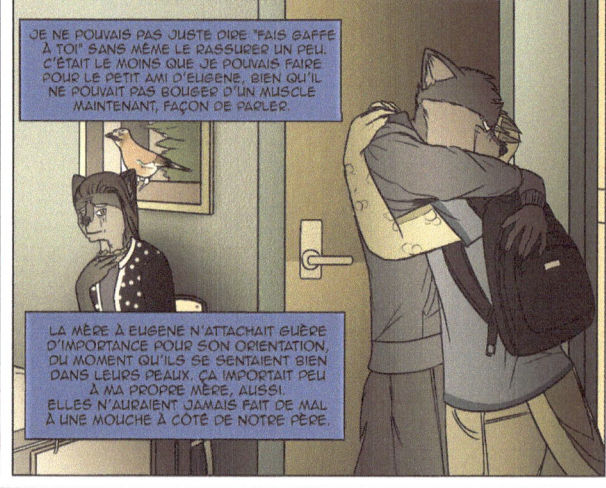

JE NE POUVAIS PAS JUSTE DIRE "FAIS GAFFE À TOI" SANS MÊME LE RASSURER UN PEU. C'ÉTAIT LE MOINS QUE JE POUVAIS FAIRE POUR LE PETIT AMI D'EUGENE, BIEN QU'IL NE POUVAIT PAS BOUGER D'UN MUSCLE MAINTENANT, FAÇON DE PARLER.

LA MÈRE À EUGENE N'ATTACHAIT GUÈRE D'IMPORTANCE POUR SON ORIENTATION, DU MOMENT QU'ILS SE SENTAIENT BIEN DANS LEURS PEAUX, ÇA IMPORTAIT PEU À MA PROPRE MÈRE, AUSSI. ELLES N'AURAIENT JAMAIS FAIT DE MAL À UNE MOUCHE À CÔTÉ DE NOTRE PÈRE.

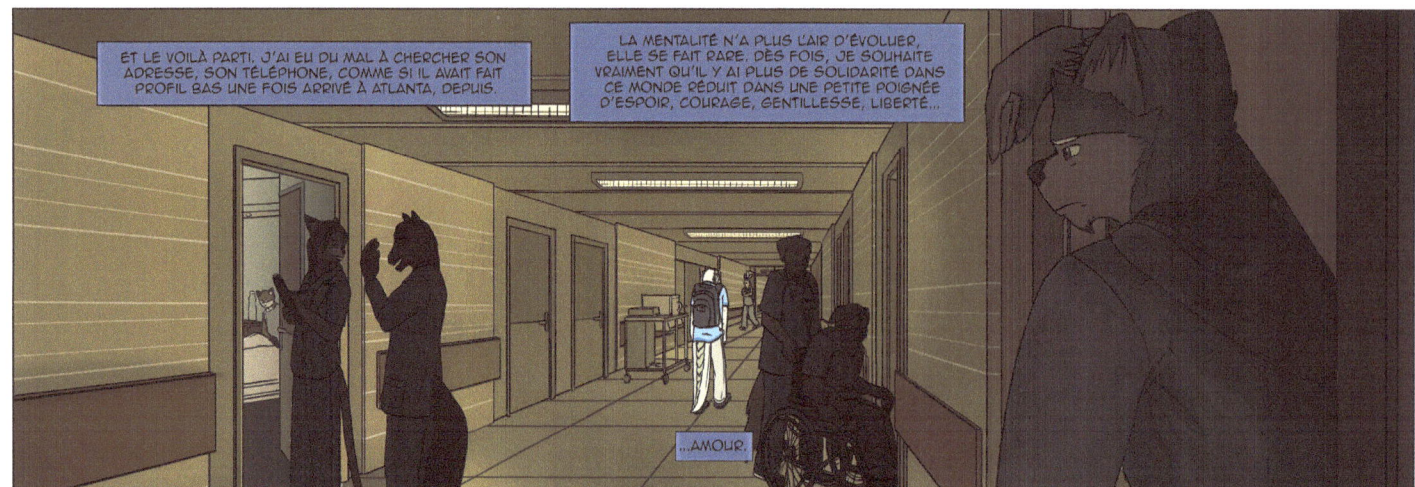

ET LE VOILÀ PARTI. J'AI EU DU MAL À CHERCHER SON ADRESSE, SON TÉLÉPHONE, COMME SI IL AVAIT FAIT PROFIL BAS UNE FOIS ARRIVÉ À ATLANTA, DEPUIS.

LA MENTALITÉ N'A PLUS L'AIR D'ÉVOLUER, ELLE SE FAIT RARE. DÈS FOIS, JE SOUHAITE VRAIMENT QU'IL Y AI PLUS DE SOLIDARITÉ DANS CE MONDE RÉDUIT DANS UNE PETITE POIGNÉE D'ESPOIR, COURAGE, GENTILLESSE, LIBERTÉ...

...AMOUR.

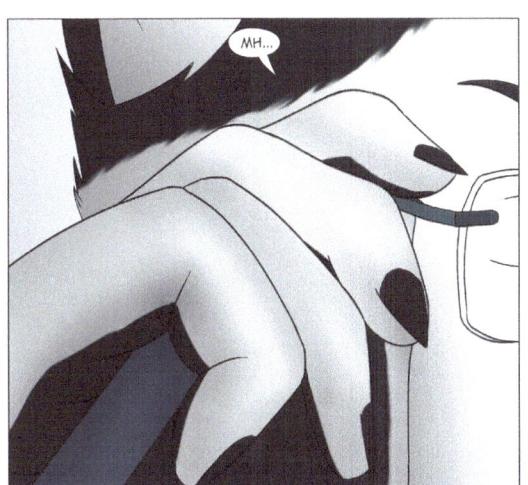

MH...

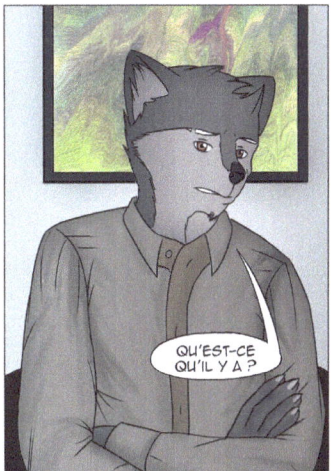

QU'EST-CE QU'IL Y A ?

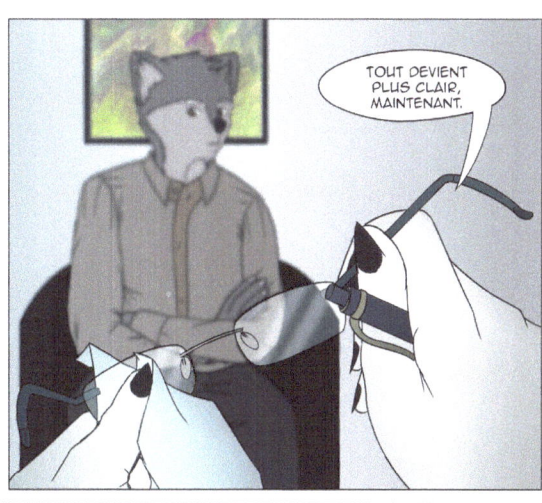

TOUT DEVIENT PLUS CLAIR, MAINTENANT.

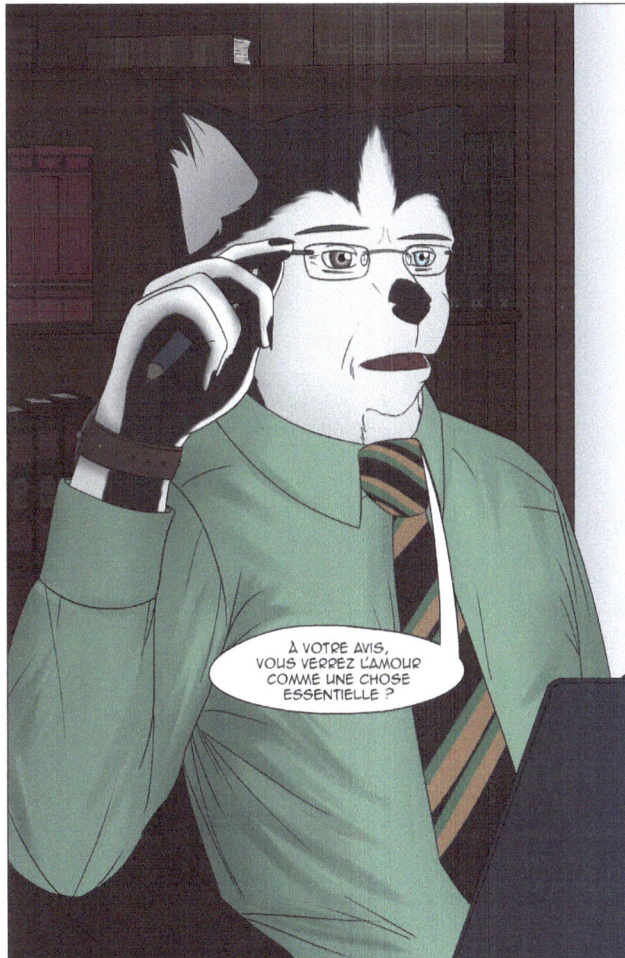

À VOTRE AVIS, VOUS VERREZ L'AMOUR COMME UNE CHOSE ESSENTIELLE ?

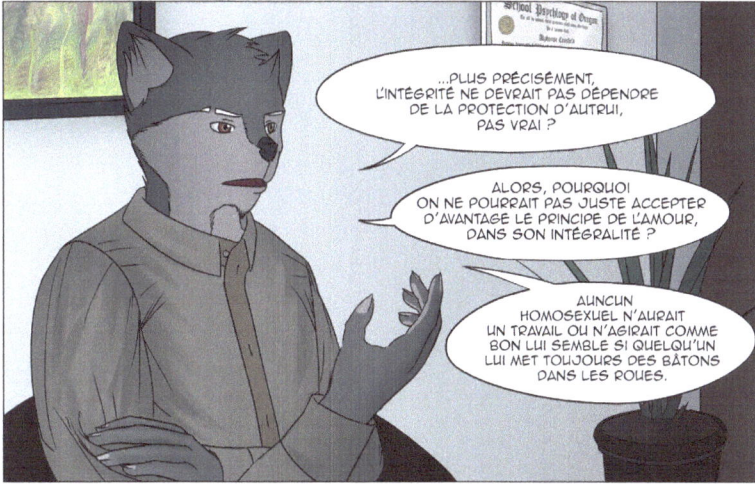

...PLUS PRÉCISÉMENT, L'INTÉGRITÉ NE DEVRAIT PAS DÉPENDRE DE LA PROTECTION D'AUTRUI, PAS VRAI ?

ALORS, POURQUOI ON NE POURRAIT PAS JUSTE ACCEPTER D'AVANTAGE LE PRINCIPE DE L'AMOUR, DANS SON INTÉGRALITÉ ?

AUCUN HOMOSEXUEL N'AURAIT UN TRAVAIL OU N'AGIRAIT COMME BON LUI SEMBLE SI QUELQU'UN LUI MET TOUJOURS DES BÂTONS DANS LES ROUES.

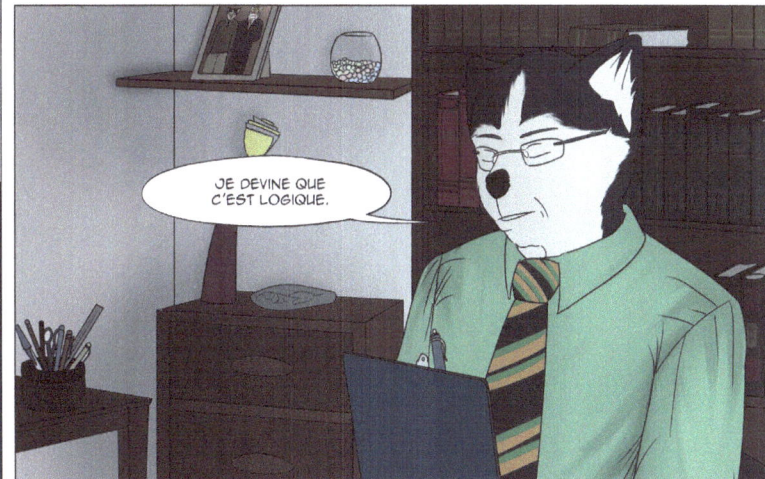

JE DEVINE QUE C'EST LOGIQUE.

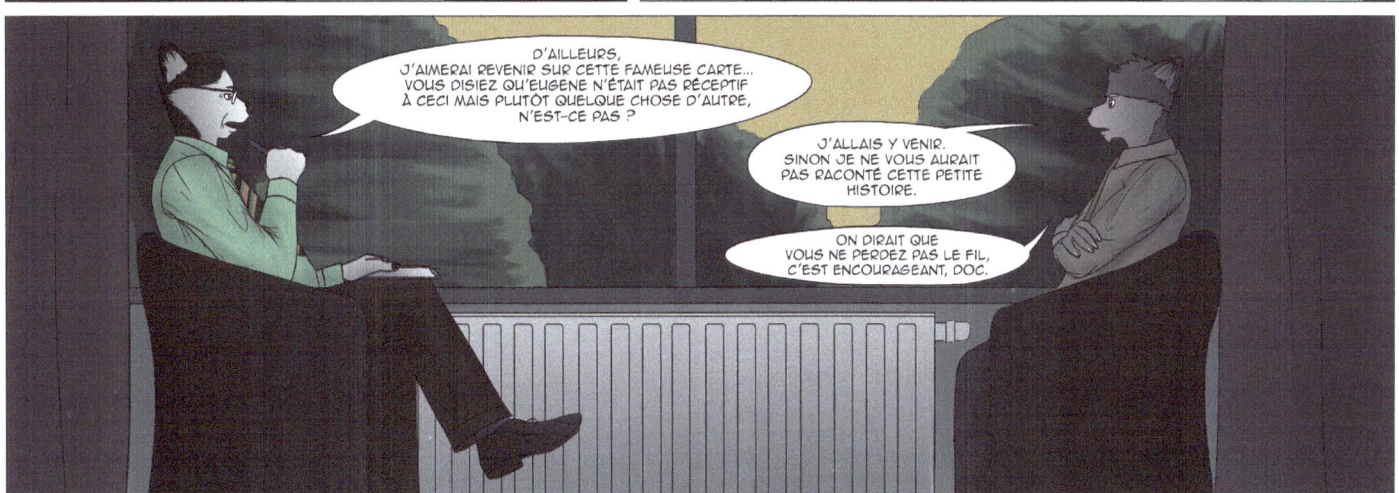

D'AILLEURS, J'AIMERAI REVENIR SUR CETTE FAMEUSE CARTE... VOUS DISIEZ QU'EUGENE N'ÉTAIT PAS RÉCEPTIF À CECI MAIS PLUTÔT QUELQUE CHOSE D'AUTRE, N'EST-CE PAS ?

J'ALLAIS Y VENIR. SINON JE NE VOUS AURAIT PAS RACONTÉ CETTE PETITE HISTOIRE.

ON DIRAIT QUE VOUS NE PERDEZ PAS LE FIL, C'EST ENCOURAGEANT, DOC.

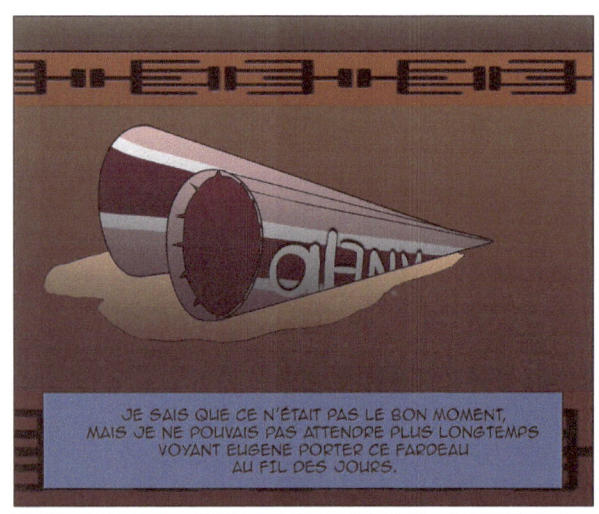

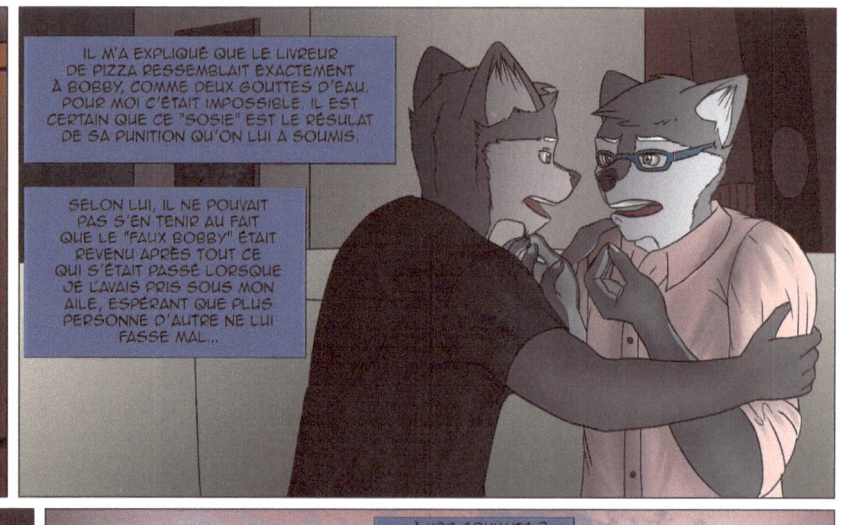

IL M'A EXPLIQUÉ QUE LE LIVREUR DE PIZZA RESSEMBLAIT EXACTEMENT À BOBBY, COMME DEUX GOUTTES D'EAU. POUR MOI C'ÉTAIT IMPOSSIBLE. IL EST CERTAIN QUE CE "SOSIE" EST LE RÉSULTAT DE SA PUNITION QU'ON LUI A SOUMIS.

SELON LUI, IL NE POUVAIT PAS S'EN TENIR AU FAIT QUE LE "FAUX BOBBY" ÉTAIT REVENU APRÈS TOUT CE QUI S'ÉTAIT PASSÉ LORSQUE JE L'AVAIS PRIS SOUS MON AILE, ESPÉRANT QUE PLUS PERSONNE D'AUTRE NE LUI FASSE MAL...

JE SAIS QUE CE N'ÉTAIT PAS LE BON MOMENT, MAIS JE NE POUVAIS PAS ATTENDRE PLUS LONGTEMPS VOYANT EUGENE PORTER CE FARDEAU AU FIL DES JOURS.

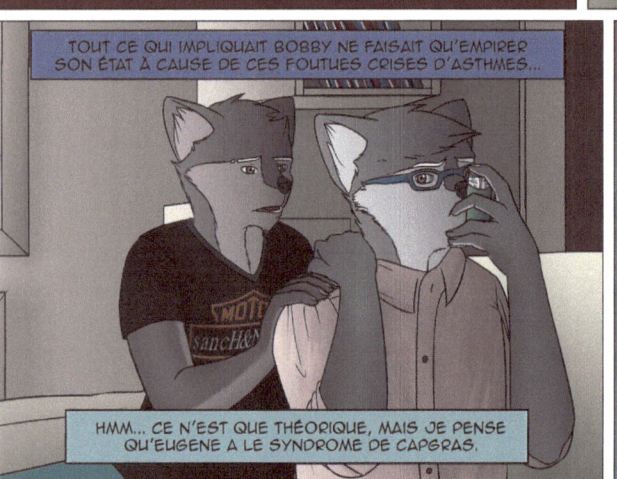

TOUT CE QUI IMPLIQUAIT BOBBY NE FAISAIT QU'EMPIRER SON ÉTAT À CAUSE DE CES FOUTUES CRISES D'ASTHMES...

HMM... CE N'EST QUE THÉORIQUE, MAIS JE PENSE QU'EUGENE A LE SYNDROME DE CAPGRAS.

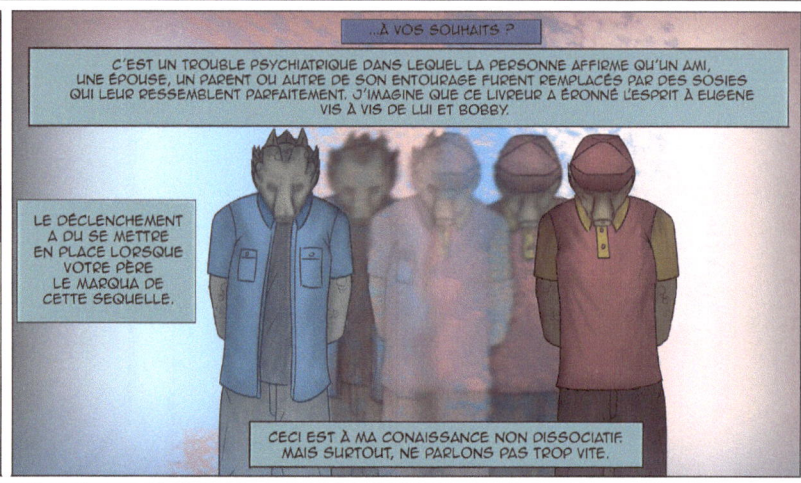

...À VOS SOUHAITS ?

C'EST UN TROUBLE PSYCHIATRIQUE DANS LEQUEL LA PERSONNE AFFIRME QU'UN AMI, UNE ÉPOUSE, UN PARENT OU AUTRE DE SON ENTOURAGE FURENT REMPLACÉS PAR DES SOSIES QUI LEUR RESSEMBLENT PARFAITEMENT. J'IMAGINE QUE CE LIVREUR A ÉBRANLÉ L'ESPRIT À EUGENE VIS À VIS DE LUI ET BOBBY.

LE DÉCLENCHEMENT A DU SE METTRE EN PLACE LORSQUE VOTRE PÈRE LE MARQUA DE CETTE SÉQUELLE.

CECI EST À MA CONAISSANCE NON DISSOCIATIF, MAIS SURTOUT, NE PARLONS PAS TROP VITE.

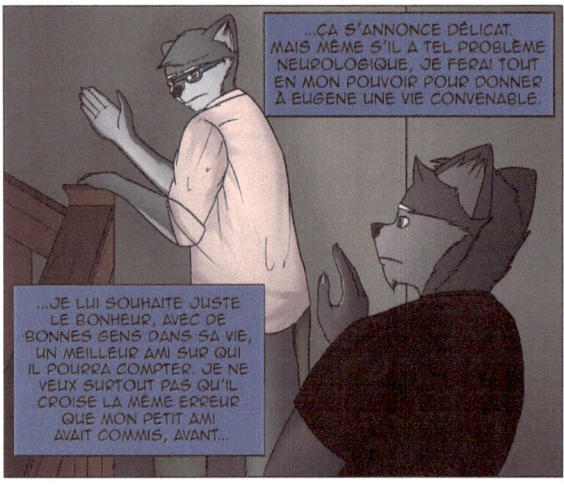

...ÇA S'ANNONCE DÉLICAT. MAIS MÊME S'IL A TEL PROBLÈME NEUROLOGIQUE, JE FERAI TOUT EN MON POUVOIR POUR DONNER À EUGENE UNE VIE CONVENABLE.

...JE LUI SOUHAITE JUSTE LE BONHEUR, AVEC DE BONNES GENS DANS SA VIE, UN MEILLEUR AMI SUR QUI IL POURRA COMPTER. JE NE VEUX SURTOUT PAS QU'IL CROISE LA MÊME ERREUR QUE MON PETIT AMI AVAIT COMMIS, AVANT...

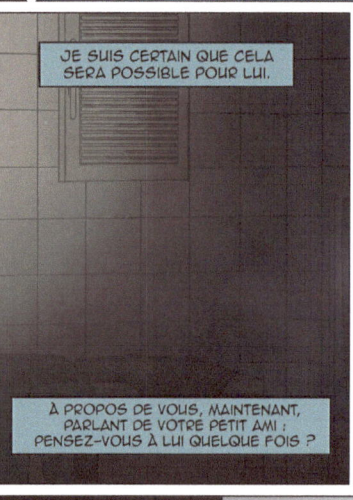

JE SUIS CERTAIN QUE CELA SERA POSSIBLE POUR LUI.

À PROPOS DE VOUS, MAINTENANT, PARLANT DE VOTRE PETIT AMI : PENSEZ-VOUS À LUI QUELQUE FOIS ?

...OUI.

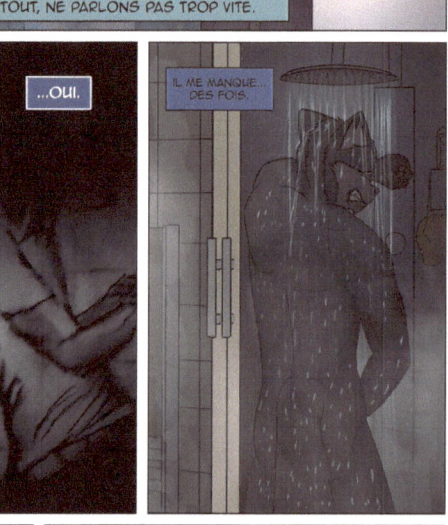

IL ME MANQUE... DES FOIS.

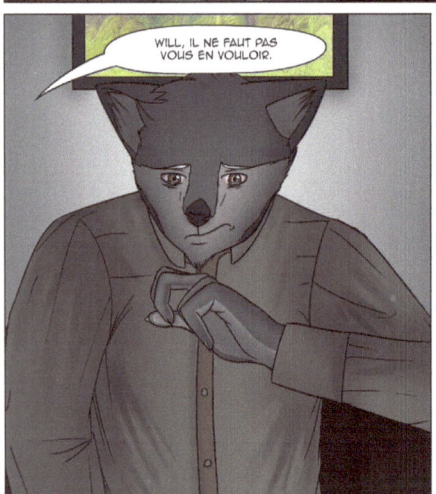

WILL, IL NE FAUT PAS VOUS EN VOULOIR.

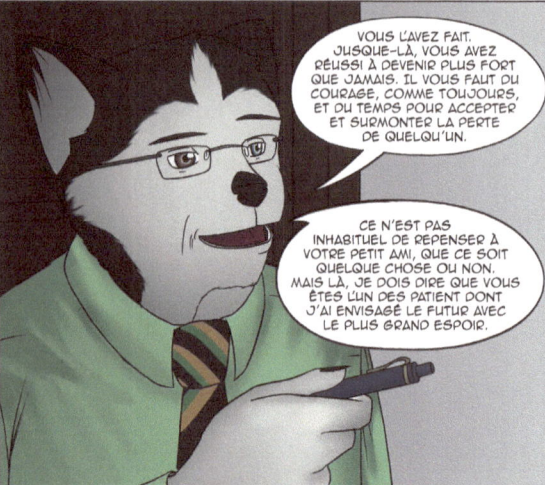

VOUS L'AVEZ FAIT. JUSQUE-LÀ, VOUS AVEZ RÉUSSI À DEVENIR PLUS FORT QUE JAMAIS. IL VOUS FAUT DU COURAGE, COMME TOUJOURS, ET DU TEMPS POUR ACCEPTER ET SURMONTER LA PERTE DE QUELQU'UN.

CE N'EST PAS INHABITUEL DE REPENSER À VOTRE PETIT AMI, QUE CE SOIT QUELQUE CHOSE OU NON. MAIS LÀ, JE DOIS DIRE QUE VOUS ÊTES L'UN DES PATIENT DONT J'AI ENVISAGÉ LE FUTUR AVEC LE PLUS GRAND ESPOIR.

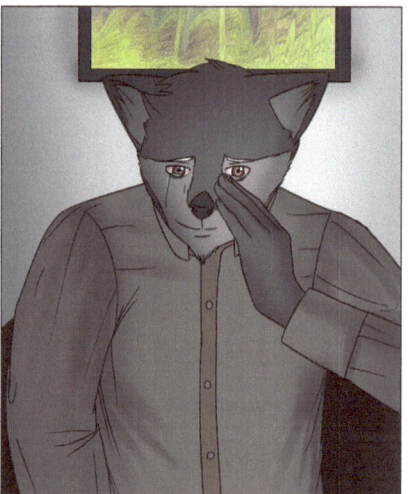

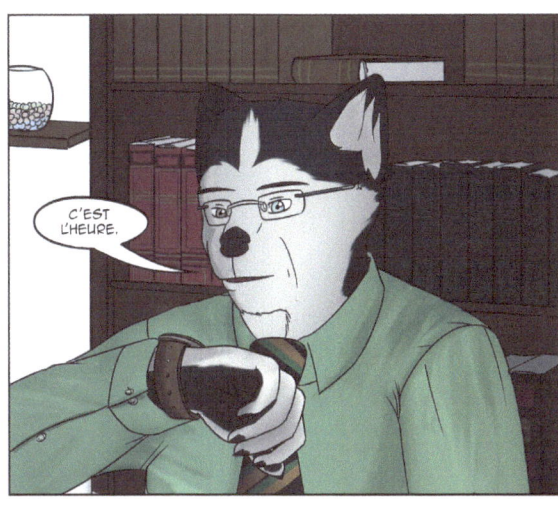

C'EST L'HEURE.

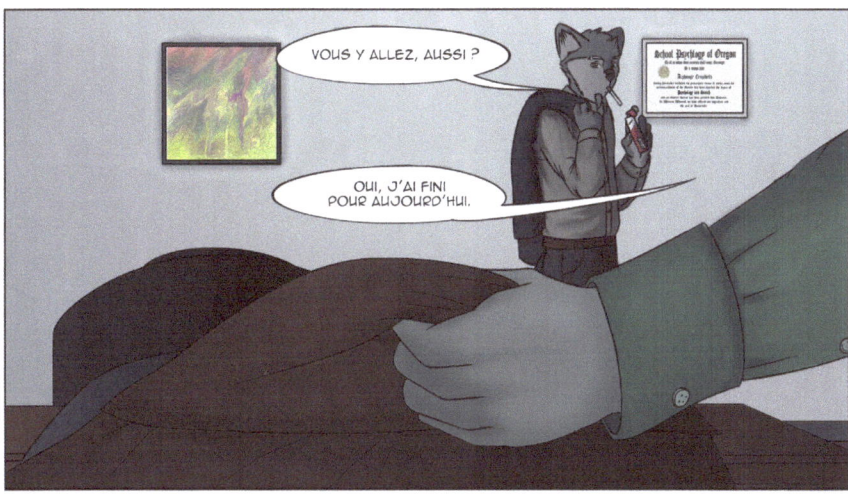

VOUS Y ALLEZ, AUSSI ?

OUI, J'AI FINI POUR AUJOURD'HUI.

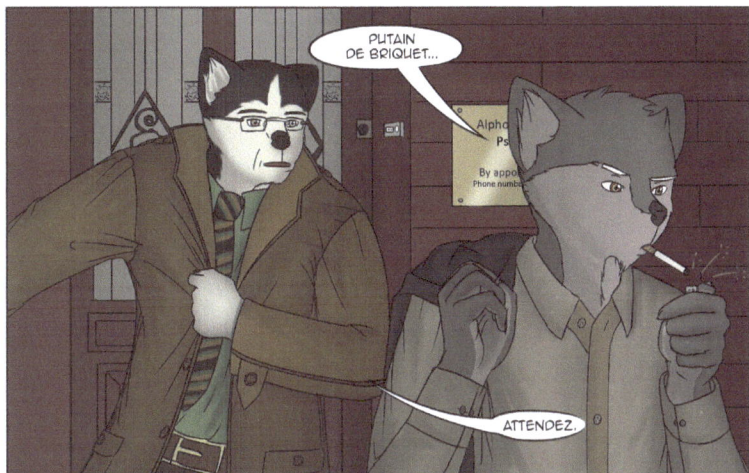

PUTAIN DE BRIQUET...

ATTENDEZ.

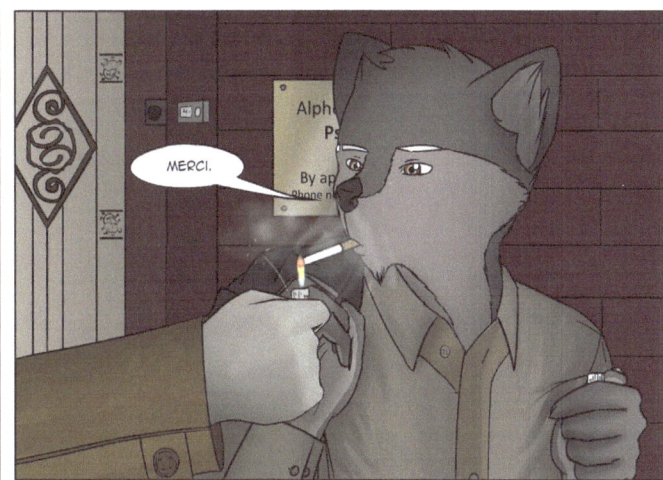

MERCI.

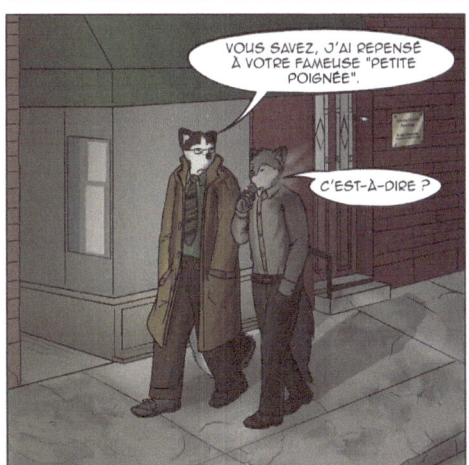

VOUS SAVEZ, J'AI REPENSÉ À VOTRE FAMEUSE "PETITE POIGNÉE".

C'EST-À-DIRE ?

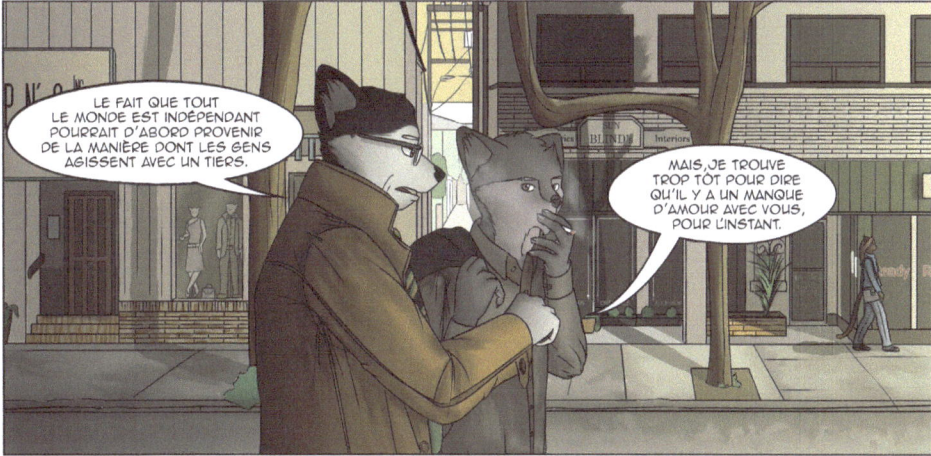

LE FAIT QUE TOUT LE MONDE EST INDÉPENDANT POURRAIT D'ABORD PROVENIR DE LA MANIÈRE DONT LES GENS AGISSENT AVEC UN TIERS.

MAIS, JE TROUVE TROP TÔT POUR DIRE QU'IL Y A UN MANQUE D'AMOUR AVEC VOUS, POUR L'INSTANT.

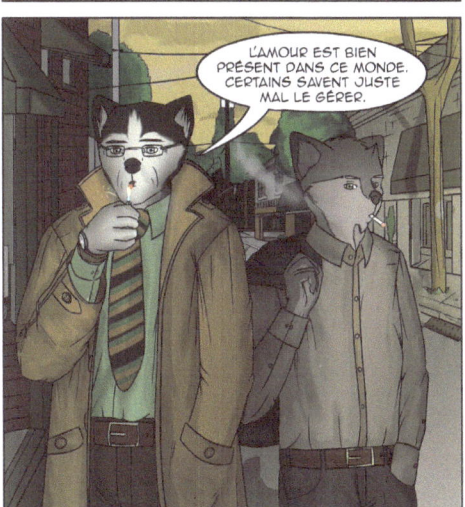

L'AMOUR EST BIEN PRÉSENT DANS CE MONDE. CERTAINS SAVENT JUSTE MAL LE GÉRER.

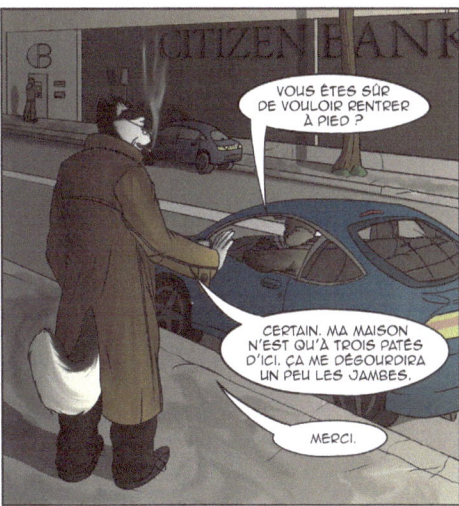

VOUS ÊTES SÛR DE VOULOIR RENTRER À PIED ?

CERTAIN. MA MAISON N'EST QU'À TROIS PÂTÉS D'ICI. ÇA ME DÉGOURDIRA UN PEU LES JAMBES.

MERCI.

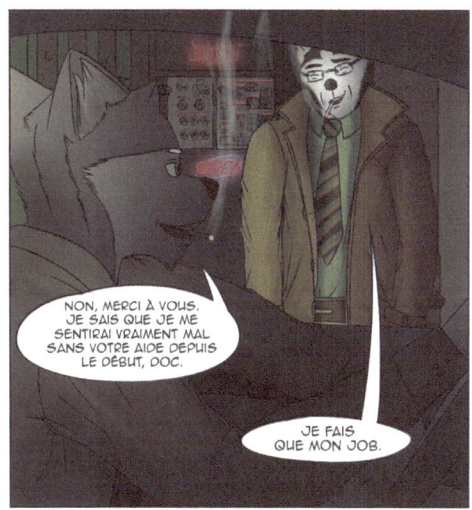

NON, MERCI À VOUS. JE SAIS QUE JE ME SENTIRAI VRAIMENT MAL SANS VOTRE AIDE DEPUIS LE DÉBUT, DOC.

JE FAIS QUE MON JOB.

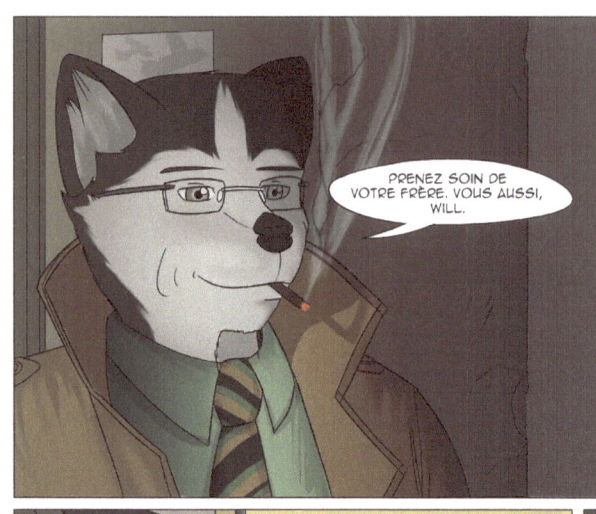

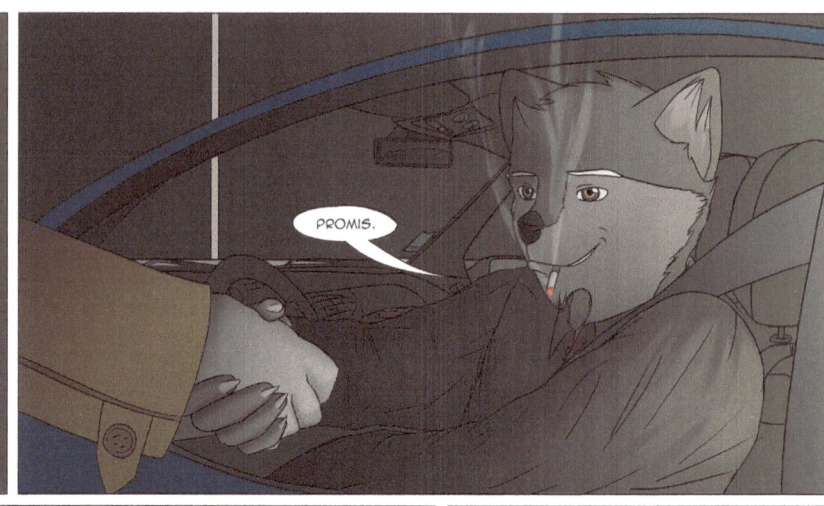

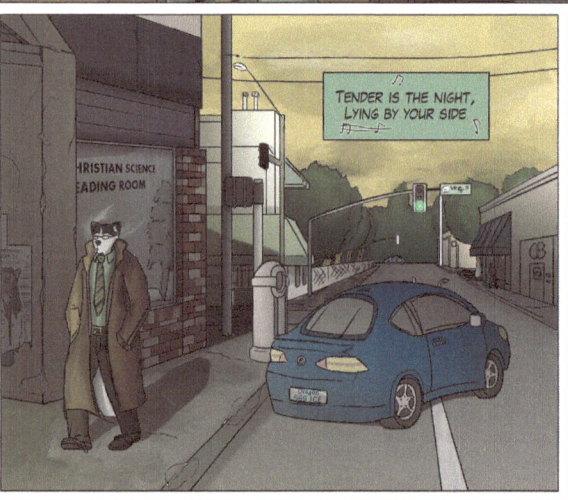

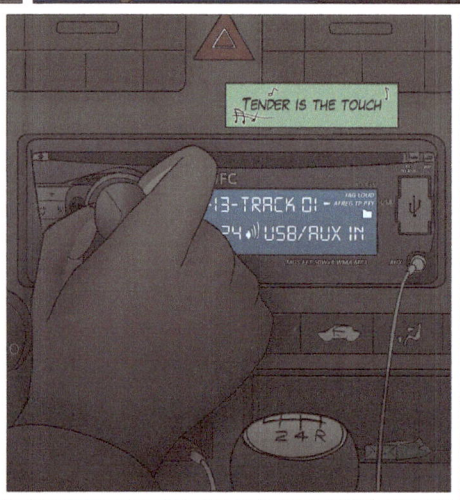

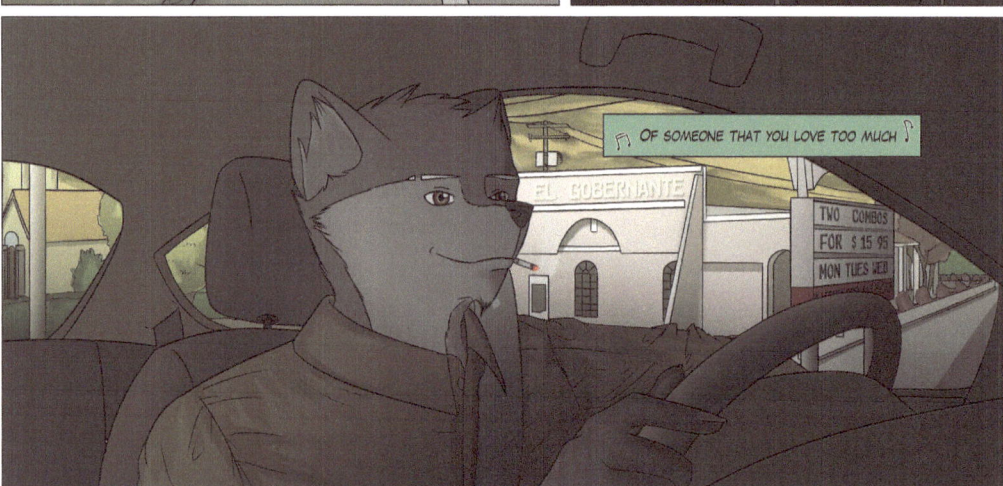

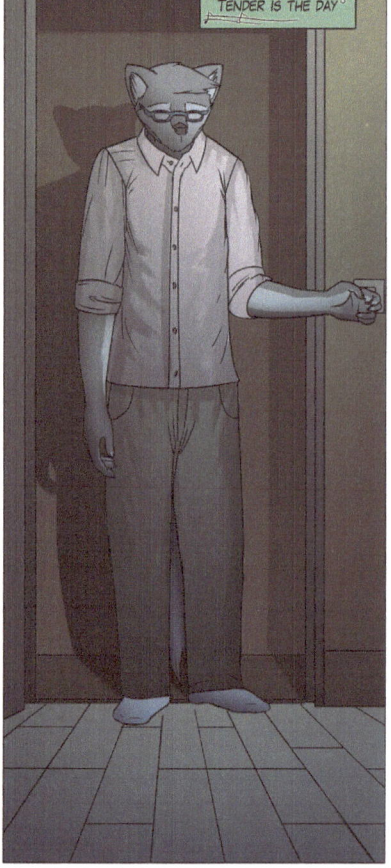

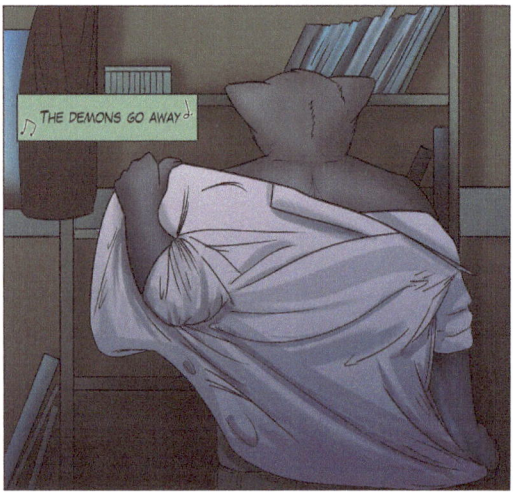

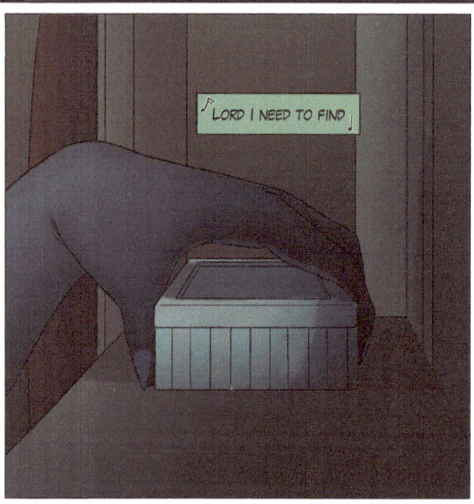

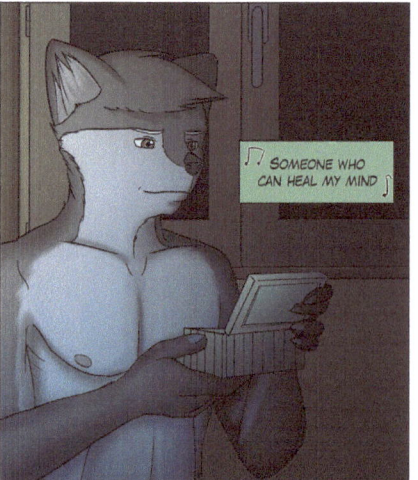

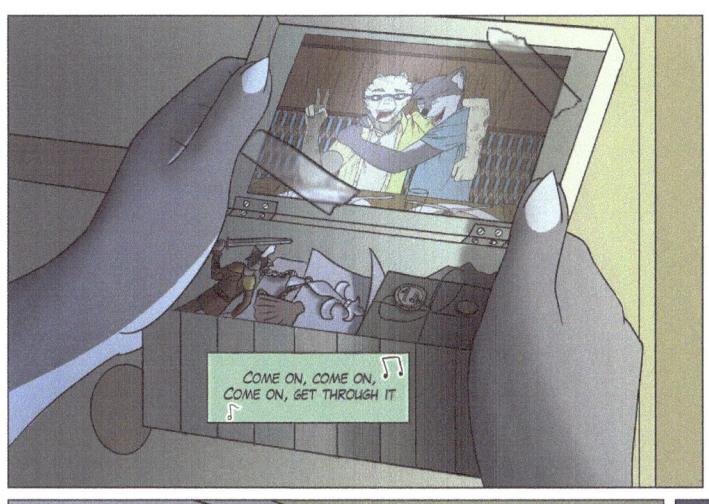

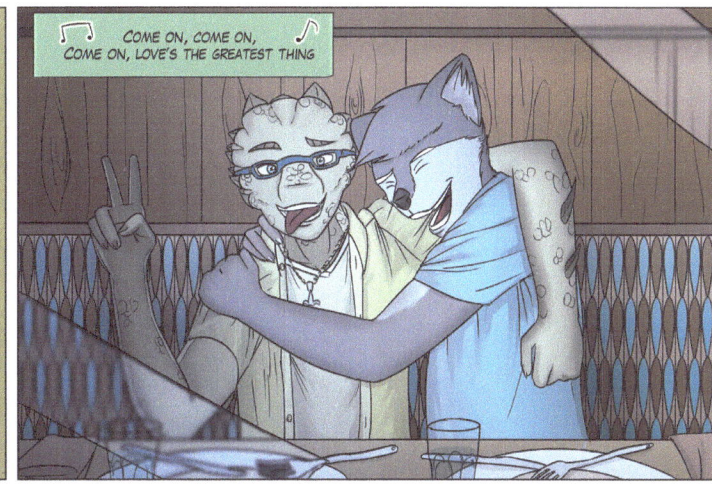

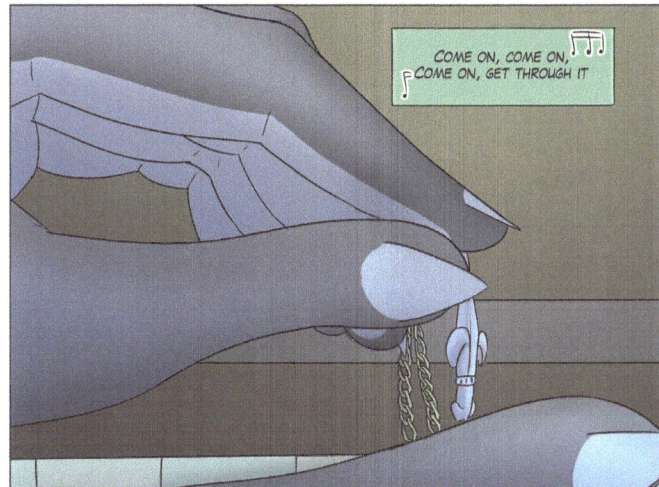

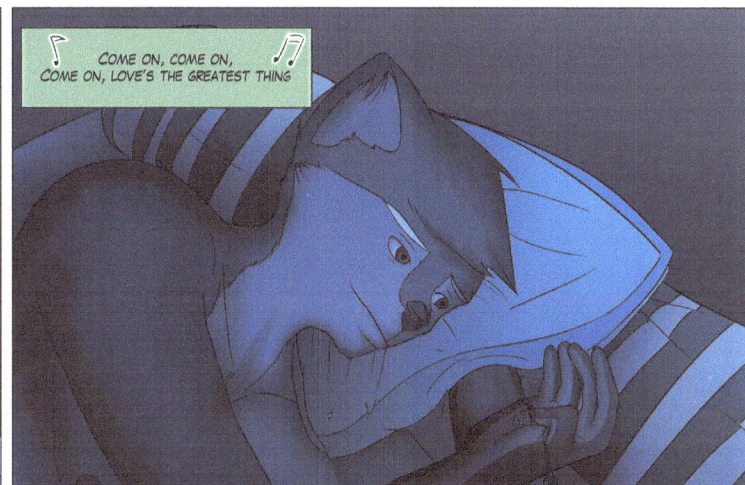

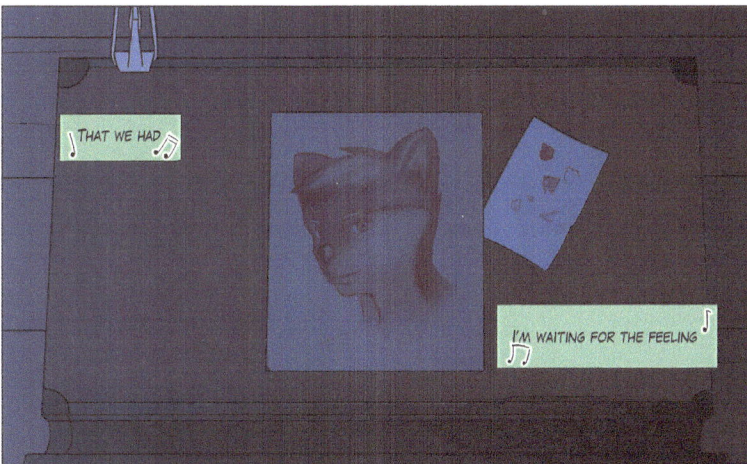

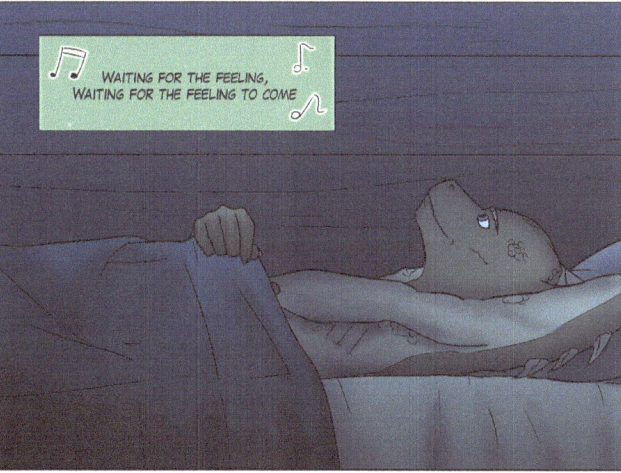

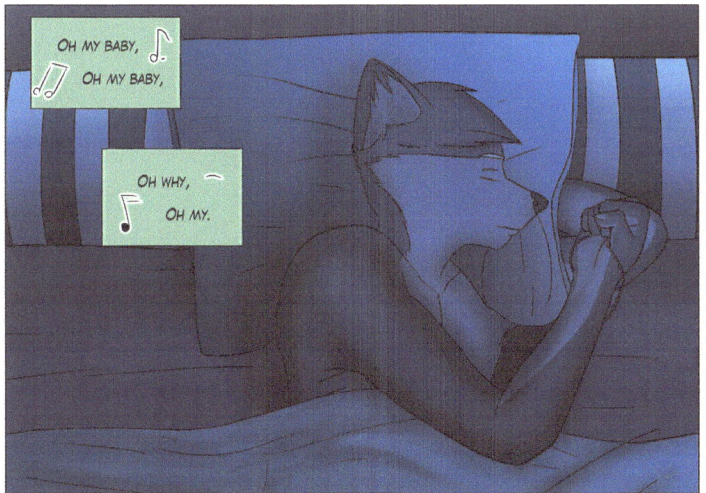

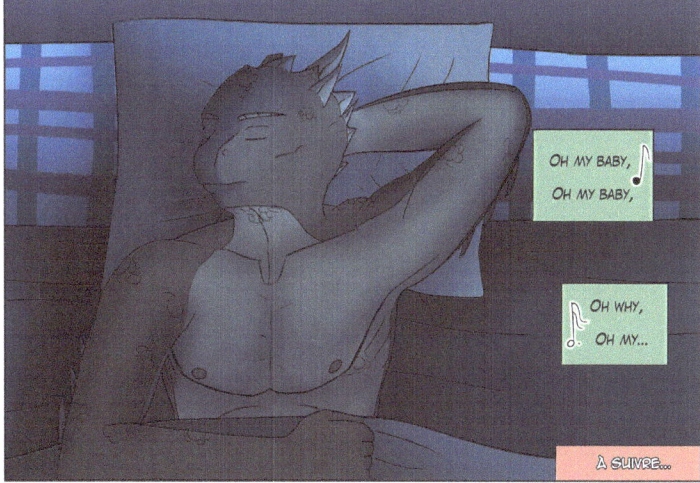

MERCI ET CETERA

TOUT D'ABORD,
J'AIMERAIS VOUS REMERCIER TOUS
DE DONNER DE VOTRE TEMPS PRÉCIEUX À LIRE CE CHAPITRE.
ÇA A ÉTÉ UN DÉFI POUR MOI DE CONTINUER SUR CE PROJET
À CAUSE DE L'ÉCOLE ET AUTRES CHOSES PERSOS
(TOUJOURS UNE BONNE EXCUSE, OUAIP !)

EN EFFET, J'AI TRAVAILLÉ SUR CE PROJET DURANT
MOINS DE DEUX ANS, ET C'EST LE PLUS GRAND DE MES SOUHAITS
DE FAIRE DE LA BD EN TANT QU'ARTISTE.
AVANT CELA, J'AVAIS COMMENCÉ PAR UNE SÉRIE - ÉTANT HONNÊTE :
NULLISSIME - APPELÉE ALL DEAD CAR JE VOULAIS COMMENCER PAR
QUELQUE CHOSE AFIN DE M'AMÉLIORER DANS CE DOMAINE.

BREF, J'ADMETS QUE CETTE AMBITION DANS L'UNIVERS DE LA BD
A PRIS UN BON DÉPART, TRAVAILLER SUR SEULEMENT
UN PERSONNAGE S'AVÈRE SIMPLE, MAIS ESSAYER DE LE RENDRE UNIQUE
C'EST AUTRE CHOSE, SANS MIÈVRERIE, SANS STÉRÉOTYPE,
JUSTE QUEQU'UN QUE L'ON SUIVRAIT DANS LA VIE DE TOUS LES JOURS,
ET C'EST EXACTEMENT LE PORTRAIT QUE J'ESSAIE DE BROSSER.

JE PRENDS PLUS APPUI SUR L'UNIVERS ANTHROPOMORPHIQUE QUE
CELUI 'FURRY', POUR DONNER UN EXEMPLE,
LA SÉRIE BLACKSAD SERAIT UNE BONNE SOURCE D'INSPIRATION.
LES ANIMAUX SONT MA GRANDE PASSION
ET LEUR CRÉER LEUR PROPRE UNIVERS
AVEC LES CARACTÉRISTIQUES HUMAINES EST
QUELQUE CHOSE D'INCROYABLE À RÉALISER !

TELLEMENT DE PERSONNES M'ONT AIDÉ À CONCRÉTISER
CE PREMIER CHAPITRE, ILS PEUVENT S'Y RECONNAÎTRE.
HEUREUSEMENT, LE PROCHAIN CHAPITRE (TOUJOURS EN PROGRESSION)
COMPORTERA PLUS D'INTENSITÉ,
DES MOMENTS FORTS ET AGRÉABLES.

ENCORE MERCI !

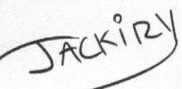